CYFLE I SIARAD

Argraffiad cyntaf: Mawrth 1998

Comisiynwyd y gyfres hon gan Gyngor Llyfrau Cymru. Dymuna'r cyhoeddwyr gydnabod cymorth adrannau'r Cyngor.

Cynllun y clawr: Elgan Davies

Rhif Llyfr Rhyngwladol: 0 86243 444 0

Argraffwyd a chyhoeddwyd yng Nghymru gan Y Lolfa Cyf., Talybont, Ceredigion SY24 5AP; *ffôn* (01970) 832 304, *ffacs* 832 782, *isdn* 832 813;
e-bost ylolfa@ylolfa.com
y we http://www.ylolfa.com

Hoffwn ddiolch i'r canlynol am eu cymorth: Helen Prosser, Jaci Taylor, Robina Elis-Gruffydd, Dafydd Gruffydd, Eleri Twynog ac Efa Gruffudd. Defnyddiwyd hefyd wybodaeth sydd ar gael yng nghyhoeddiadau'r Lolfa (*Dyddiadur, Tafarnau Cymru*). Mae'r prif ddiolch i ddysgwyr ardal Abertawe, sydd wedi profi y bydd y Gymraeg yn dal i fyw er gwaethaf pawb a phopeth.

Diolch hefyd i Super Stock am gael defnyddio'r llun ar gyfer y clawr blaen.

Hwylio 'Mlaen

CYFLE I SIARAD

Heini Gruffudd

Golygydd: Glenys M. Roberts

y Lolfa

CYNNWYS

RHAGAIR

Mae sefyllfa'r Gymraeg yn wahanol iawn mewn gwahanol rannau o Gymru. Os ydych chi'n ddigon lwcus i fyw mewn ardal Gymraeg, does dim rhaid chwilio am y siaradwyr Cymraeg. Byddwch chi'n gallu mynd i'r siop, y dafarn, y caffe neu'r swyddfa bost leol a siarad Cymraeg trwy'r amser. Yn yr ardaloedd yma rydych chi'n gallu ymuno â'r tîm pêl-droed, chwarae darts neu chwist, gwneud jam, helpu gyda chymdeithasau, a gwybod bod popeth yn Gymraeg.

Os ydych chi'n byw mewn ardal Gymraeg, efallai y bydd y llyfr hwn yn rhoi syniad i chi am y math o bethau y gallwch eu gwneud: ymuno â chôr, helpu gyda'r papur bro, dechrau cangen o CYD a phethau felly.

Os dych chi ddim yn byw mewn ardal Gymraeg, mae hi'n fwy anodd i chi ddod o hyd i siaradwyr Cymraeg. Yn y llyfr hwn mae sôn am nifer o ardaloedd di-Gymraeg, neu ardaloedd lle mae rhaid i chi chwilio am y siaradwyr Cymraeg. Ryn ni'n gobeithio y bydd y llyfr hwn yn help i chi ddod o hyd i siaradwyr Cymraeg yn Abertawe, Caerdydd, Taf Elái a mannau eraill.

Os dyw'ch ardal chi ddim yma, wel, mae angen llyfr arall! Ond gobeithio bod yma ddigon o wybodaeth ac o syniadau i chi fynd ati eich hun. Os does dim cymdeithas Gymraeg yn eich ardal chi, os does dim cangen o CYD, wel, chi yw'r person i fynd ati i ddechrau pethau. Peidiwch aros i rywun arall wneud!

Pob hwyl gyda'r siarad!

GEIRFA

sefyllfa	*situation*
ymuno â	*to join*
chwist	*whist*
y gallwch eu gwneud	*that you can do*
papur bro	*voluntary local paper, in Welsh*
cangen	*branch*
mae sôn am	*there is talk of*
dod o hyd i	*to find*
syniad(au)	*idea(s)*
mynd ati	*to set about it*

~~eff~~
efallai perhaps
math – sort/kind
mannau places
cangen need

TORRI'R GARW

Does dim byd yn waeth na mynd ar eich pen eich hun i ganol cwmni newydd. Rydych chi wedi mynd i mewn i dafarn am y tro cynta, neu i glwb, neu i ddosbarth, neu i noson gymdeithasol. Does neb yn eich nabod chi. Mae pawb fel pe baen nhw'n nabod ei gilydd, a pham dylen nhw roi sylw i chi?

Peidiwch â bod mor ddwl! Mae gan bawb ddiddordeb mewn pobl eraill, a bydd pobl wrth eu bodd i'ch croesawu chi. Beth yw'r ffordd orau o'ch cyflwyno'ch hunan? Byddwch yn ddewr! Gallwch chi ddechrau gyda 'Helô' neu 'Noswaith dda!' neu 'Sut dach chi heno?' (gogledd) a 'Shwd ych chi heno?' (de).

Cofiwch, os bydd rhywun yn gofyn 'Shwd ych chi?', peidiwch ateb – gofynnwch yr un peth yn ôl – 'Helô, shwd ych chi?'.

Y peth gorau i'w wneud wedyn yw gwneud sylw, neu ofyn cwestiwn. Peidiwch â gofyn cwestiwn am y person arall ar unwaith. Dydych chi ddim mewn dosbarth! Gofynnwch gwestiwn neu gwnewch sylw am rywbeth o'ch cwmpas chi. Os ydych chi'n nerfus, meddyliwch am y cwestiwn gynta, cyn i chi ddweud dim. A peidiwch â phoeni os dyw'r cwestiwn neu'r sylw ddim yn dod o'ch ceg yn berffaith!

Dyma rai cwestiynau/sylwadau agoriadol:

- Noson braf, on'd yw hi?
- Esgusodwch fi, oes lle yma i gadw cotiau?
- Ga i eistedd fan hyn, os gwelwch yn dda?
- Ydych chi'n nabod pawb yma?
- Mae'n ddrwg gen i (gogledd).
- Mae'n flin 'da fi (de).
- Dw i ddim yn nabod llawer.
- Ydw i'n hwyr?
- Pryd mae'r noson yn dod i ben?
- Ga i ymuno â chi?
- Oes rhywun yn eistedd fan hyn?
- Ydy'r gadair 'ma'n wag?
- Ydy hi'n saff gadael 'y nghot i fan hyn?

GEIRFA

torri'r garw	*breaking the ice*
fel pe baen nhw	*as if they*
ei gilydd	*each other*
cyflwyno	*to introduce*
yn ddewr	*brave*
gwneud sylw	*to make a comment*
o'ch cwmpas chi	*around you*
sylwadau	*comments*
agoriadol	*opening*
ymuno â	*to join*

Mark Stonelake y tu ôl i'r bar yn Nhŷ Tawe. Does dim lle gwell na thafarnau a chlybiau i siarad Cymraeg

GEIRFA

paratoi	*to prepare*
wrthi	*at it, in the process of*
acen	*accent*
yn raddol	*gradually*
berf(au)	*verb(s)*
sylwch (sylwi)	*you'll notice (to notice)*
gwahanol	*different*
mwy cywir	*more correct*
mwy llafar	*more colloquial*
ennill	*to gain, to win*
mentro	*to venture*
camsyniad(au)	*mistake(s)*
dysgu gwers	*to learn a lesson*
arwain	*to lead*

Fe welwch chi'n fuan fod pobl yn falch o wybod pwy ydych chi, felly byddwch yn barod i'w hateb nhw. Beth fyddan nhw'n ei ofyn i chi? Wel, paratowch rywbeth syml amdanoch chi'ch hun, a byddwch yn barod i holi hefyd. Rhai brawddegau hawdd:

- O ble ych chi'n dod?
- Falch i gwrdd â chi!
- Siân Ifans yw'r enw. Falch i gwrdd â chi.
- Rwy'n byw yn Abermochyn. Wrthi'n dysgu Cymraeg.
- O Abermochyn rwy'n dod, wrthi'n dysgu Cymraeg.
- A chi?
- Allwch chi ddweud hwnna eto?
- Tipyn bach yn arafach, os gwelwch yn dda.
- Peidiwch troi i'r Saesneg – rwy eisiau clywed Cymraeg.
- Beth yw ...... yn Saesneg?

Wrth i chi ddechrau siarad, byddwch yn sylwi bod pawb yn siarad gydag acen: acen y de, acen y gogledd, acen sir Benfro, acen sir Gaerfyrddin. Yn raddol, dylech gopïo'r acen, a defnyddio'r acen yma wrth siarad â phobl. Copïwch eu defnydd nhw o eiriau ac o ferfau. Fe sylwch chi fod pobl yn aml ddim yn defnyddio berfau wrth siarad: 'peint o gwrw, plîs' (yn lle 'ga i beint o gwrw, os gwelwch yn dda').

Peidiwch ag ofni defnyddio geiriau Saesneg yng nghanol brawddegau Cymraeg. Bydd y siaradwyr Cymraeg yn gwneud hyn. Copïwch nhw. Mae llawer o siaradwyr Cymraeg yn ofni defnyddio Cymraeg gyda dysgwyr sy'n siarad fel llyfr, neu sy'n defnyddio geiriau Cymraeg lle maen nhw fel arfer yn defnyddio geiriau Saesneg (e.e. ffrij, chips). Dangoswch eich bod chi am siarad Cymraeg fel nhw, trwy eu copïo nhw.

Byddwch chi'n dod i weld eich bod chi'n gallu defnyddio gwahanol lefelau o Gymraeg gyda gwahanol bobl: Cymraeg mwy cywir gydag athrawon, Cymraeg mwy llafar gyda phobl yn y bar, ac yn y blaen: dyna ran o'r broses o ddysgu iaith. Cofiwch – rhaid i chi fod yn ddewr. Fyddwch chi'n ennill dim heb fentro. A pheidiwch ofni gwneud ffŵl ohonoch chi'ch hun. Os bydd pobl yn chwerthin, wel peidiwch â phoeni dim. Rhaid i chi fod yn barod i chwerthin hefyd. Os byddwch chi'n gwneud camsyniadau gyda threigladau, peidiwch â phoeni dim! Bydd pawb yn deall, ac os byddan nhw ddim yn deall, byddan nhw'n gofyn.

Beth ddigwyddodd i'r dysgwr oedd yn gofyn 'Ga i beint o gwrw, os gwelwch yn dda?' Wel, roedd e bob tro'n cael dau beint o gwrw, a doedd e ddim yn deall pam! Roedd y barman yn credu ei fod e'n dweud 'Dau beint o gwrw'! Wel, erbyn hyn mae'r dysgwr yna wedi dysgu ei wers, ac mae e'n diwtor ar ddosbarthiadau, ac wedi bod yn arwain cangen CYD yn Abertawe. Mentrwch!

TAFARNAU CYMRU

Os ydych chi eisiau siarad Cymraeg, does dim byd gwell na mynd i dafarn lle mae'r Gymraeg yn cael ei siarad. Mae addysgwyr yn dweud bod dysgwyr yn gallu siarad Cymraeg yn well ar ôl yfed peint neu ddau. Mae'r dysgwyr sy'n mynd am beint ar ôl gwers bob amser yn dod i siarad yn gynt na rhai sy'n mynd adre'n syth i wisgo slipers o flaen y tân. Ar ôl deg peint, bydd y dysgwr yn credu ei fod yn gallu siarad yn well byth, ond wrth gwrs, dim ond fe fydd yn credu hynny. Mae'n well cadw at y 'rheol dau beint'.

Un o'r problemau, os ydych chi'n byw yn ne-ddwyrain a gogledd-ddwyrain Cymru, yw dod o hyd i dafarn Gymraeg. Dyw'r ateb ddim yn hawdd. I'ch helpu chi, mae'r Lolfa wedi cyhoeddi llyfr, *Tafarnau Cymru*, ond mae'r rhan fwyaf o'r tafarnau yn y llyfr hwn yn ardaloedd Cymraeg Cymru.

Mae nifer o Gymry Cymraeg yn mynd i'r White Hart yng Nghasnewydd. Os na fyddwch chi'n clywed gair o Gymraeg yno, mae digon o gwrw da yno, mae'n debyg, a gallwch foddi'ch siom. Hen dafarn arall yw'r Tair Ysguthan, Graigfechan, ger Rhuthun. Mae'r cwrw, a'r olygfa o'r dafarn, yn dda. Mae gan y Royal Oak yng Nghaerdydd arwyddion Cymraeg, ac mae nifer o Gymry'r ddinas yn mynd yno i gwmnïa, neu i wrando ar grŵp yn y stafell gefn. Hon yw tafarn leol Twm Miall. Pwy yw e? Ewch yno i weld.

Mae nifer o Gymry Cymraeg y ddinas hefyd yn mynd i'r Old Arcade, tafarn boblogaidd ar benwythnosau gemau rygbi rhyngwladol, ond erbyn hyn, mae'n debyg bod Cymry Cymraeg dosbarth canol Caerdydd, a llawer o'r rhai ifanc, yn heidio i'r Halfway, Ffordd yr Eglwys Gadeiriol, Treganna (Canton). Ewch yno cyn mynd ymlaen i Glwb Ifor Bach.

Yn anffodus, dyw *Tafarnau Cymru* ddim yn enwi mwy o dafarnau yn ardaloedd Seisnigedig Cymru. Y gwir amdani yw bod rhaid ichi fynd â'ch cwmni Cymraeg eich hun i'r dafarn er mwyn manteisio ar y rheol 'dau beint'.

Y dewis arall yw mynd am drip, a

GEIRFA

gwell na (+treiglad llaes/ spirant mutation)	*better than*
addysgwyr	*educationalists*
yn gynt (*yn fwy cyflym, yn gyflymach*)	*faster*
yn well byth	*better still*
de-ddwyrain	*south-east*
gogledd-ddwyrain	*north-east*
cyhoeddi	*to publish*
boddi'ch siom	*to drown your disappointment*
ysguthan	*wood-pigeon*
golygfa	*view*
arwyddion	*signs*
cwmnïa	*to socialise*
rhyngwladol	*international*
heidio	*to swarm*
Seisnigedig	*Anglicized*
manteisio ar	*to take advantage of*

gogledd	*north*
gogledd-orllewin	*north-west*
de	*south*
de-ddwyrain	*south-east*
gorllewin	*west*
dwyrain	*east*

GEIRFA

canran y siaradwyr Cymraeg	*percentage of Welsh speakers*
dymunol	*pleasant*
ledled, ym mhob rhan, ar hyd	*all around, in all parts*
bywiog	*lively*
naws	*atmosphere*
brodor(ion)	*local(s)*
Cymry dosbarth canol	*middle class Welsh people*

gallwch wneud hyn yn hawdd os ydych chi'n byw yn ardal Abertawe. Dyw hi ddim yn rhy bell i'r Felindre, pentref lle mae canran y siaradwyr Cymraeg yn dal yn uchel. Fe fyddwch chi'n clywed digon o Gymraeg yn nhafarn y Shepherds yno. Gallwch chi fynd lan y cwm i bentrefi Cymraeg, neu i'r gorllewin, i ardal Rhydaman, Pontarddulais a Llanelli, a mwynhau cwmni siaradwyr Cymraeg naturiol.

Mwynhau cystadlu yng nghwis CYD yn nhafarn y Cŵps yn Aberystwyth (Llun: Jaci Taylor)

Os ydych chi'n byw yn y gorllewin ac yn y gogledd, does dim cymaint o broblem. Mae digon o dafarnau bach, dymunol ledled y wlad. Un dafarn fywiog yw Tafarn Sinc yn sir Benfro. Fe brynodd Brian Llewellyn y dafarn hon er mwyn cael lle Cymraeg ei naws. Mae llawer o bethau'n cael eu trefnu yno – pethau fel tipit, rasys moch, Siôn a Siân ac eisteddfodau, ac mae pawb yn cymryd rhan.

Pobl leol hefyd, Melvyn a Carol Phillips, sy'n cadw Tafarn yr Oen ym mhentref Hermon, sir Benfro. Ac fe brynodd Brynmor Thomas Dafarn y Bont yn Llanglydwen. Mae hi'n braf gweld Cymry lleol yn prynu tafarnau.

Mae myfyrwyr Aberystwyth yn hoff o'r 'Cŵps', ar waelod rhiw Pen-glais. Mae nosweithiau canu a grwpiau'n cael eu cynnal yma'n gyson. Mae croeso Cymraeg da bob amser yn y Llew Du, Stryd y Bont, Aberystwyth. Llew Du arall gwerth mynd iddo yw'r un yn Llangadog. Does dim twristiaid yno, achos does dim bwyd tafarn yno, felly gallwch fwynhau cwmni Cymraeg y brodorion.

Am bob Llew Du, mae Llew Gwyn, ac mae perchennog y Lolfa, a Chymry dosbarth canol eraill i'w gweld yn aml ymhlith Cymry gwerinol yn y Llew Gwyn yn Nhal-y-bont ger Aberystwyth. Gwaetha'r modd, mae Saeson yn hoff o'r lle yn yr haf. Yn y Llew Gwyn yn Nhrawsfynydd roedd Hedd Wyn yn arfer yfed.

Ac am bob Llew Du a Gwyn, mae un Coch. Y Llew Coch yw tafarn fwyaf Cymraeg Machynlleth, ac i Lyn Ebenezer (pwy yw e?) mae'r Llew Coch yn Nhregaron yn 'seithfed nef'. Byddai'r porthmyn yn dod i'r Llew Coch ar eu ffordd i Lundain. (Wel, dyna oedden nhw'n ei ddweud wrth eu gwragedd.) Hen dafarn hanesyddol arall yn Nhregaron yw'r Talbot, lle mae rhan o'r bar yn 400 mlwydd oed.

Un o'r Llewod Coch mwyaf hanesyddol yw'r Llew Coch yn Ninas Mawddwy. Mae hon yn gwerthu cwrw Felinfoel, ac yn ystod y gaeaf mae llawer o grwpiau Cymraeg yn canu yno. Fe allwch chi glywed grwpiau Cymraeg hefyd yn y Llew Coch yn Llanrwst – nid yn fyw, ond yn y sgrechflwch.

Buwch Goch sydd yng Nghastellnewydd Emlyn, lle roedd y *stocks* olaf yng Nghymru. Anifail arall sydd yn enw Tafarn y Ram, Cwm-ann, ger Llanbed, ac yno fe gewch chi groeso Cymraeg, a bwyd arbennig o dda.

Os ydych chi'n byw yn y gogledd, mae hen ddigon o ddewis. Mae Caernarfon yn frith o dafarnau. Yn eu plith mae'r Albert, lle mae pobl fel Geraint Lövgreen a Twm Morys yn cwrdd (pwy ydyn nhw?). Os ydych chi am dreulio penwythnos yn Nant Gwrtheyrn, bydd rhaid ichi fwrw i mewn i'r Fic yn Llithfaen a gafodd ei phrynu gan Gymry'r ardal er mwyn yfed (fe gaeodd y dafarn yn 1987) ac er mwyn diogelu lle cymdeithasu i siaradwyr Cymraeg. Mae Cymro wedi prynu tafarn yr Heliwr – neu'r Sportsman's – yn Nefyn, ac mae nosweithiau adloniant yn cael eu cynnal yno, gyda grwpiau, a beirdd fel Twm Morys yn darllen barddoniaeth. Ac mae'r Guinness yn dda yno. Tafarn dda arall yw'r White Lion yn Nhrawsfynydd, a'r King's Head yn Bethesda. Fe gewch chi gwmni pobl leol yn y ddwy.

Cofiwch hefyd am y clybiau rygbi sydd yn britho pentrefi'r de-orllewin. Fe welwch chi luniau a thrysorau'r byd rygbi yn y rhain, ac un o'r mwyaf diddorol yw Clwb Rygbi Cefneithin, lle gwelwch chi luniau Carwyn James, Gerald Davies, Barry John ac

GEIRFA

i'w gweld	*to be seen*
gwerinol, dosbarth gweithiol	*folk, ordinary, working class*
gwaetha'r modd	*worse luck*
byddai	*used to*
porthmon (porthmyn)	*drover(s)*
hanesyddol	*historical*
sgrechflwch	*juke box*
hen ddigon	*plenty*
yn frith o, yn llawn o	*spotted with, full of*
yn eu plith, un ohonyn nhw	*amongst them*
bwrw i mewn	*to pop in*
diogelu	*to safeguard*
cymdeithasu	*to socialize*
adloniant	*entertainment*
britho	*to cover, to pepper*

GEIRFA

sefydliad(au)	*institution(s)*
cynnal yr iaith	*to safeguard the language*
canrif(oedd)	century(ies)

CYMERIADAU

Twm Miall	awdur llyfrau am y profiad o fod ar y clwt (*on the dole*)
Lyn Ebenezer	cyflwynydd rhaglenni teledu (*TV presenter*)
Hedd Wyn	bardd oedd wedi marw yn y Rhyfel Byd 1af (*a poet who died in the 1st World War*)
Geraint Lövgreen	canwr poblogaidd
Twm Morys	cerddor a bardd

eraill, a oedd yn chwarae pan oedd y tîm cenedlaethol yn ennill ambell gêm.

Mae hi'n amhosibl sôn yn fanwl am fwy o dafarnau. Ewch i'r tafarnau i ddefnyddio'r iaith pan gewch chi gyfle, ac fe ffeindiwch chi ddigon o lefydd hanesyddol, digon o gwmni da, gobeithio, ac fe welwch chi fod y dafarn yn dal yn bwysig fel un o'r sefydliadau sy wedi cynnal yr iaith ar hyd y canrifoedd.

Os nad ydych chi'n gallu siarad Cymraeg yn dda iawn, dangoswch eich bod chi'n dysgu, ac fe gewch chi groeso cynnes. Iechyd da!

Nodyn: gallwch brynu *Tafarnau Cymru* (gan Elin Llwyd Morgan) yn eich siop leol, neu o'r Lolfa am £5.70

CLYBIAU CYMRAEG

Gan ei bod hi mor anodd dod o hyd i dafarn Gymraeg yn nhrefi'r de, fe gafodd nifer o glybiau Cymraeg eu sefydlu. Mae'r clybiau hyn yng Nghaerdydd, Pontypridd, Brynmenyn (ger Pen-y-bont ar Ogwr), Merthyr Tudful ac Abertawe. Os ydych chi'n byw o fewn cyrraedd i'r clybiau hyn, ymunwch â nhw, ac fe gewch chi wybodaeth am bob math o weithgareddau, gan gynnwys gwersi Cymraeg, corau, cymdeithasau, cyfarfodydd CYD, nosweithiau roc a llawer o bethau eraill.

Y cyntaf o'r rhain oedd Clwb Ifor Bach, a gafodd ei agor yn 1983. Mae'r clwb hwn yn dal yn boblogaidd dros ben ymhlith Cymry Caerdydd, a Chymry ifanc yn arbennig. Mae gan y clwb 600 o aelodau, a gallwch ymuno os ydych chi'n siarad Cymraeg. Er bod y lle o dan ei sang yn ystod penwythnosau gemau rygbi, mae digon o le yno yn ystod yr wythnos, gan fod yn y clwb sawl llawr. Mae grwpiau Cymraeg yn perfformio yno'n gyson, ac mae nifer o gymdeithasau'n cwrdd yno. Mae'r clwb yn agos iawn at y castell, yng nghanol y dre, yn Heol Womanby. Mae'r clwb ar agor yn hwyr, ac mae llawer yn mynd yno ar ôl i'r tafarnau gau, er bod y cwrw'n rhatach cyn hynny.

Yn 1983 hefyd y cafodd Clwb y Bont ei agor ym Mhontypridd. Mae'r clwb y tu ôl i'r brif stryd siopa, ger yr afon. Mae'r clwb hwn erbyn hyn yn ganolbwynt i lawer iawn o Gymry'r ardal, sy'n dod yma ar gyfer cyfarfodydd cymdeithasau, fel Rhieni dros Addysg Gymraeg a Phlaid Cymru. Mae croeso yma i ddysgwyr, gan fod llawer iawn

Plethyn yn perfformio yng Nghlwb Brynmenyn

GEIRFA

gan ei bod hi	*as it is*
cafodd ... eu sefydlu	*were established*
o fewn cyrraedd, yn agos	*within reach*
gweithgareddau, pethau i'w gwneud	*activities*
a gafodd ei agor	*which was opened*
er bod	*although*
o dan ei sang, yn llawn	*packed*
sawl llawr	*several floors*
canolbwynt	*focus, centre*
Rhieni dros Addysg Gymraeg (mudiad rhieni sy'n ymgyrchu dros sefydlu ysgolion Cymraeg)	*Parents for Welsh Education (a parents' movement which campaigns for establishing new Welsh medium schools)*

GEIRFA

dengmlwyddiant	*tenth anniversary*
gor-hoff	*over-fond*
CYD	Welsh learners' movement (ar y cyd – *together*)
cynnal cwis	*to hold a quiz*
er enghraifft	*for example*
Merched y Wawr	*women's movement*
Yr Urdd	*Welsh youth movement*

o'r Cymry Cymraeg wedi bod yn ddysgwyr eu hunain. Caiff darlithiau a dosbarthiadau eu cynnal yma yn ystod yr wythnos.

Hen adeilad Clwb y British Legion ym Mrynmenyn yw Clwb Brynmenyn, a ddathlodd ei ddengmlwyddiant yn 1995. Cafodd ei agor i roi cyfle i Gymry ardal Pen-y-bont ddod at ei gilydd, ond am nad yw'r clwb yng nghanol y dre, ac am fod llawer o'r Cymry yn yr ardal yn or-hoff o'u slipers, mae'r clwb wedi datblygu yn un mwy lleol. Mae neuadd yno, lle mae cyngherddau'n cael eu cynnal, ac mae sawl stafell arall yno ar gyfer

Dafydd Iwan yn canu mewn clwb Cymraeg. Mae nosweithiau gwerin yn boblogaidd iawn, ac yn gyfle da i chi siarad â phawb

dosbarthiadau a chyfarfodydd. Mae Gary Prosser a'i gydweithwyr yn siŵr o roi croeso i ddysgwyr ac i Gymry Cymraeg.

Cafodd Tŷ Tawe ei agor yn Abertawe yn 1987. Mae'r clwb hwn yn agos at ganol y dre, yn Heol Christina, ger Ffordd y Brenin. Mae llawer iawn o ddosbarthiadau dysgu Cymraeg yn cael eu trefnu yno yn ystod y dydd a fin nos gan Brifysgol Cymru Abertawe. Mae CYD yn cwrdd yno nos Lun, a'r Côr Ieuenctid nos Fercher, ac mae gweithgareddau eraill, gyda grwpiau canu neu gwisiau, er enghraifft, yn cael eu cynnal yno. Mae Merched y Wawr a chymdeithasau eraill hefyd yn defnyddio'r adeilad, sydd â thri llawr: bar yn y gwaelod, bar bach a neuadd yn y canol, ac ystafelloedd dysgu a chyfarfod yn y to. O flaen y clwb mae siop llyfrau Cymraeg. Mae'r bar yn agor tua 8 y nos, felly peidiwch â mynd yno'n rhy gynnar.

Y clwb mwyaf newydd yw'r un ym Merthyr Tudful, sydd yn rhan o'r Ganolfan Gymraeg yn y dref. Yr Urdd, gyda help siaradwyr Cymraeg yr ardal, sy wedi sefydlu'r ganolfan hon. Mae siop llyfrau Cymraeg yn yr adeilad, ystafelloedd cyfarfod, ac mae bar mawr yno. Mae llawer o weithgareddau'n cael eu trefnu yno.

Mae'r clybiau hyn i gyd yn trefnu rhaglen o weithgareddau trwy'r gaeaf a'r gwanwyn, felly mae'n werth ymuno i wybod beth sy'n digwydd.

Mae canolfannau iaith eraill wedi cael eu sefydlu mewn rhannau eraill o'r wlad, ac mae'r rhain yn wahanol iawn i'w gilydd. Mae Canolfan Iaith a Diwylliant Nant Gwrtheyrn, ar lan y môr yn Llŷn, yn cynnig rhaglen o gyrsiau preswyl, ac mae modd mynd yno ar wyliau. Fe gewch chi ddigon o hwyl ac awyr iach yno, ac mae'r tai lle byddwch chi'n cysgu, os cewch chi gyfle, yn gysurus dros ben. Mae Canolfan Iaith yn Ninbych, yng nghanol y dre, yn cynnig rhaglen lawn o ddosbarthiadau, gweithgareddau a chyfarfodydd i bobl yr ardal, ac mae canolfannau iaith sy'n rhoi lle i ddosbarthiadau Cymraeg ym mhlas hyfryd Gregynog, ger y Drenewydd, ac yn y Felin-fach, ger Aberaeron.

Os dy'ch chi ddim yn byw o fewn cyrraedd i un o'r clybiau hyn, a hefyd allan o gyrraedd tafarnau Cymraeg, mae hi'n werth cofio bod dysgwyr llawer o ardaloedd yn mabwysiadu tafarn leol, ac yn cwrdd ar noson arbennig o'r wythnos. Os dyw hyn ddim yn digwydd yn eich ardal chi, ewch chi ati i drefnu hyn. Fe gewch chi gwmni Cymraeg, llawer o hwyl, a byddwch yn gwneud tro da â dysgwyr eraill yr ardal. Y peth pwysig yw cwrdd yn gyson, am amser arbennig bob wythnos, a threfnu gweithgareddau yn ychwanegol at yfed a sgwrsio. Gallwch drefnu nosweithiau cwis, sgyrsiau gan Gymry'r ardal neu gan y dysgwyr eu hunain, nosweithiau gemau – dartiau neu pŵl – trwy gyfrwng y Gymraeg, a gwahodd cantorion i ddod i ganu, a threfnu taith arbennig unwaith neu ddwy bob tymor.

Cofiwch – peidiwch â gadael y gwaith trefnu i bobl eraill. Fe gewch chi fwy o hwyl yn ei wneud eich hun, gan ddod i nabod mwy o bobl, ac felly fe gewch chi fwy o gyfle i ymarfer eich Cymraeg.

GEIRFA

diwylliant	*culture*
cyrsiau preswyl	*residential courses*
mae modd	*it's possible*
awyr iach	*fresh air*
cysurus	*comfortable*
Y Drenewydd	*Newtown*
mabwysiadu	*to adopt*
ewch chi ati	*you go ahead*
gwneud tro da	*to do a good turn*
yn ychwanegol at	*in addition to*
trwy gyfrwng	*through the medium of*
cantorion	*singers*
bob tymor	*every term*
gan ddod i nabod	*getting to know*

CYD

Jaci Taylor, Cydlynydd CYD

GEIRFA

ar y cyd	*together*
cynllun peilot	*pilot project, scheme*
llenwi bwlch	*to fill a gap*
mudiad cenedlaethol	*national movement*
statws elusennol	*charity status*
arbenigo	*to specialize*
trefnu	*to organize*
gweithgareddau	*activities*
cymdeithasol	*social*
ledled	*all over, in all parts of*
amcan	*aim*
adfer	*to restore*
adennill	*to regain*
cynrychioli	*to represent*
cangen (canghennau)	*branch(es)*
llywydd	*president*
mudiad	*movement*
swyddog cyswllt	*contact officer*
cydlynydd	*co-ordinator*
canolog	*central*
cynnal	*to maintain*
rhugl	*fluent*
canghennau	*branches*
gweithle	*workplace*
amrywio	*to vary*
digwyddiad(au)	*event(s)*
cysylltwr (cysylltwyr)	*contact(s)*
amrywiaeth	*variety*

Beth yw CYD?

'Cymry Cymraeg a Dysgwyr ar y Cyd'. Yn 1982 cafodd CYD ei sefydlu fel cynllun peilot yng Ngheredigion i lenwi bwlch a oedd yn bod rhwng dysgu Cymraeg mewn dosbarth a'r realiti o ddefnyddio'r iaith y tu allan i'r dosbarth.

Erbyn hyn, wrth gwrs, mae CYD yn fudiad cenedlaethol â statws elusennol. Mae'n arbenigo mewn trefnu gweithgareddau cymdeithasol i ddysgwyr ledled Cymru. Amcan CYD yw adfer yr iaith Gymraeg. Mae'n gwneud hyn trwy roi cyfle i bawb sy'n dysgu Cymraeg neu sydd am adennill eu Cymraeg i ennill hyder i siarad Cymraeg yn eu bywyd bob dydd.

Pwy yw CYD?

Mae gan CYD Bwyllgor Gwaith sy'n cynnwys y prif swyddogion a phymtheg aelod arall sy'n cynrychioli canghennau CYD. Yr Athro Bobi Jones yw llywydd y mudiad. Mae gan CYD naw swyddog cyswllt sy'n gweithio o'u cartrefi ym mhob rhan o Gymru, ac mae cydlynydd CYD yn gweithio yn y swyddfa ganolog yn yr Hen Goleg yn Aberystwyth. Mae unrhyw un sy'n dysgu neu'n siarad Cymraeg yn gallu ymuno. Mae CYD yn cael arian bob blwyddyn gan Fwrdd yr Iaith Gymraeg i dalu rhan o gostau cynnal y mudiad.

CYD ar waith

Mae CYD wedi llwyddo i helpu llawer o ddysgwyr i groesi'r bont i fod yn siaradwyr Cymraeg rhugl. Mae CYD yn gwneud hyn trwy ddod â Chymry Cymraeg a dysgwyr at ei gilydd. Mae gan CYD glybiau a changhennau ledled Cymru, mewn dinasoedd, trefi, pentrefi, colegau ac yn y gweithle. Mae maint y canghennau'n amrywio o 6 aelod hyd at ryw 100 o aelodau. Does dim rhaid i chi ymuno â CYD yn syth. Mae croeso ichi fynd i gyfarfodydd CYD cyn penderfynu a ydych chi eisiau ymuno.

Mae canghennau CYD fel arfer yn trefnu cyfarfodydd a digwyddiadau trwy'r flwyddyn. Mae gan lawer o'r canghennau eu swyddogion eu hunain, ac mae'r canghennau'n cael help gan y cysylltwyr lleol neu gan y cydlynydd cenedlaethol.

Gweithgareddau CYD

Mae amrywiaeth mawr o weithgareddau yn cael eu trefnu.

Mae'r rhain yn cynnwys pethau fel bore coffi, cael peint a sgwrs, a hyd yn oed penwythnos dringo ac abseilio. I bobl sy ddim mor heini mae modd dysgu sut i goginio neu dynnu lluniau, clywed am hanes ardal, mynd ar daith gerdded hawdd heb y dringo, dysgu sut i wneud gwin cartref, dysgu mwy am ddiwylliant Cymru, dysgu sut i beintio ac arlunio, mynd am bryd o fwyd, ymweld â llefydd o ddiddordeb, mynd i weld drama Gymraeg, ac yn y blaen. Mae canghennau yn ymweld â'i gilydd ac yn trefnu gwahanol gemau – gemau iaith, chwarae dartiau, snwcer, cardiau ac yn y blaen. Mae canghennau hefyd yn cystadlu yn Adran y Dysgwyr yn yr Eisteddfod Genedlaethol. Mae CYD hefyd yn trefnu cwis cenedlaethol, ac mae timau'n cynnwys dysgwyr a siaradwyr Cymraeg. Mae'r rownd derfynol yn cael ei chynnal ym Mhabell y Dysgwyr yn ystod wythnos yr Eisteddfod Genedlaethol. Mae croeso i'r aelodau roi help ar stondin CYD yn Eisteddfod yr Urdd (wythnos tua diwedd Mai), Sioe Llanelwedd (wythnos tua chanol Gorffennaf), a'r Eisteddfod Genedlaethol (wythnos tua dechrau Awst). Dyma flas ar y math o weithgareddau sy'n cael eu trefnu, ond mae'r posibiliadau'n ddiddiwedd, yn ôl dymuniadau'r aelodau.

Mae CYD hefyd yn ymuno â grwpiau eraill o bryd i'w gilydd i drefnu nosweithiau arbennig. Mae CYD yn cydweithio ag aelwydydd yr Urdd, Cymdeithas Edward Llwyd, Merched y Wawr, clybiau Cymraeg fel Tŷ Tawe ac eraill i drefnu nosweithiau arbennig.

GEIRFA

heini	*fit, lively*
diwylliant	*culture*
cystadlu	*to compete*
adran	*section*
diddiwedd	*endless*
yn ôl	*according to*

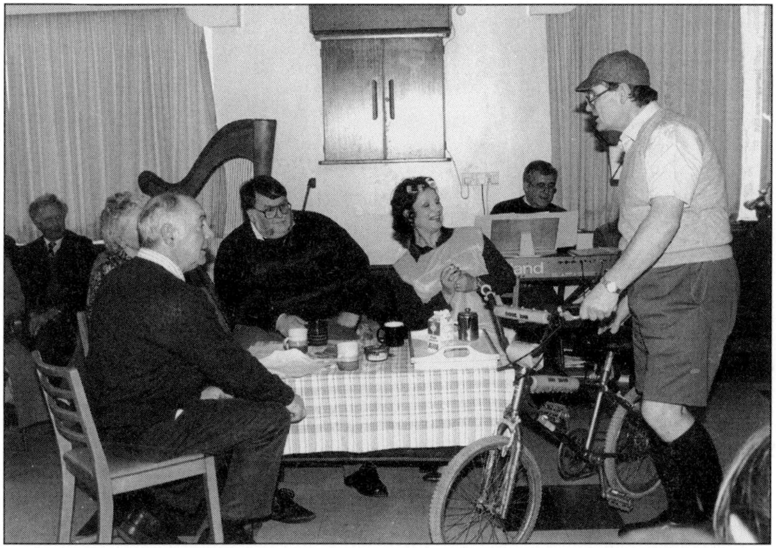

Ron, Adrian, Helen, Howard a Jeff o ddosbarth Wlpan Doc Penfro yn perfformio yn Nhyddewi (Llun: Robina Elis-Gruffydd)

GEIRFA

cyfleus	convenient
yn cael ei gyhoeddi	*is published*
sefydlu	*to establish, set up*

Ble mae cyfarfodydd CYD?
Yn unrhywle, ble bynnag sy'n gyfleus i'r aelodau. Mae rhai aelodau'n cwrdd yn eu tai. Mae aelodau eraill yn cwrdd mewn caffe neu dafarn, mewn clwb Cymraeg, neu mewn canolfan gymdeithasol neu neuadd bentref. Mae tua 60 cangen yng Nghymru ar hyn o bryd. Mae papur gan CYD, o'r enw *Cadwyn CYD*, ac mae sôn yn y papur am gyfarfodydd canghennau CYD ledled Cymru. Mae *Cadwyn CYD* yn cael ei gyhoeddi bedair gwaith y flwyddyn. Mae croeso i chi fynd ati i sefydlu cangen o CYD yn eich ardal chi. Mae dysgwyr yn aml yn gwneud y gwaith yn well na siaradwyr Cymraeg! Os ydych chi am sefydlu cangen, croeso i chi gysylltu â'r swyddfa yn Aberystwyth.

John Valentine Williams yn cychwyn Râs Falŵns CYD yn Eisteddfod Genedlaethol yr Urdd, Islwyn (Llun: Jaci Taylor)

Sut i gysylltu â CYD
Mae staff CYD yn gallu newid o flwyddyn i flwyddyn. Os ydych chi eisiau gwybod pwy yw eich swyddog cyswllt lleol, ffoniwch swyddfa CYD yn Aberystwyth. Os ydych chi eisiau cael copi o *Cadwyn CYD*, anfonwch £1 i'r swyddfa, ac fe gewch gopi, sy'n rhoi enwau a chyfeiriadau swyddogion lleol a chenedlaethol CYD.

Cyfeiriad CYD:
CYD
Yr Hen Goleg
Heol y Brenin
Aberystwyth
Ceredigion
SY23 2AX.

Ffôn/ffacs: 01970 622143

CYMRAEG I OEDOLION

Helen Prosser

Mae tua 15,000 o oedolion yn dysgu Cymraeg mewn dosbarthiadau yng Nghymru bob blwyddyn. Mae llawer mwy yn dysgu Cymraeg mewn grwpiau neu ar eu pen eu hunain, trwy ddilyn cyrsiau mewn llyfrau, neu raglenni ar y radio a'r teledu.
Os dydych chi ddim wedi dechrau mynd i ddosbarthiadau, cofiwch eu bod nhw'n dda fel llefydd i ymarfer Cymraeg. Mae'r pwyslais fel arfer ar siarad.

Mae colegau addysg bellach, Cymdeithas Addysg y Gweithwyr a'r awdurdodau addysg, a rhai canolfannau iaith yn cynnal dosbarthiadau unwaith yr wythnos, ar sawl lefel.

Mae Prifysgol Cymru (yr adrannau addysg oedolion), a rhai colegau addysg uwch yn cynnal cyrsiau dwys – Wlpanau – dwy, tair neu bedair gwaith yr wythnos.

Os ydych chi wedi dechrau dysgu Cymraeg mewn dosbarth, mae'n bwysig eich bod chi'n cael digon o ymarfer.

Sut gallwch chi gael mwy o ymarfer?

i. *Sadyrnau Siarad*. Mae Sadyrnau Siarad yn cael eu cynnal ym mhob rhan o Gymru. Maen nhw'n cael eu trefnu gan sawl corff. Holwch y colegau lleol, a CYD.

ii. *Cyrsiau Preswyl* – Mae cyrsiau preswyl yn cael eu trefnu yn ystod yr haf yn arbennig. Mae rhai cyrsiau penwythnos trwy'r flwyddyn, ond mae cyrsiau haf yn boblogaidd iawn. Mae

Tîm buddugol De-orllewin Cymru yng Nghwis CYD 1996 (Llun: Robina Elis-Gruffydd)

GEIRFA

oedolion	*adults*
ar eu pen eu hunain	*on their own*
ymarfer	*to practise, practice*
pwyslais	*emphasis*
colegau addysg bellach	*further education colleges*
Cymdeithas Addysg y Gweithwyr	*WEA*
awdurdodau addysg	*education authorities*
adran(nau) addysg oedolion	*adult education department(s)*
addysg uwch	*higher education*
dwys	*intense*
Sadwrn Siarad	*Saturday school for talking practice*
preswyl	*residential*

GEIRFA

isdeitlau	*subtitles*
addas	*suitable*
cyfleus	*convenient*
dosbarthiadau pellach	*advanced classes*
gloywi	*to polish*
cynnig	*to offer*
astudio	*to study*
Arholiad Tystysgrif	*Certificate Examination*
cyfateb i	*to be equivalent to*
Safon Uwch	*Advanced Level*
achredu	*to accredit, accreditation*
tystysgrif	*certificate*
gweithgareddau	*activities*
pwyllgor(au)	*committee(s)*
addas	*suitable*
addasu	*to adapt*
Cyd-bwyllgor Addysg Cymru	*WJEC (Welsh Joint Education Committee)*

Cymdeithas yr Iaith yn trefnu cyrsiau yng ngwersyll Llangrannog, Ceredigion, ac mae gan y Ganolfan Iaith yn Nant Gwrtheyrn, Gwynedd, raglen o gyrsiau preswyl. Caiff cyrsiau preswyl eu trefnu hefyd yn Aberystwyth.

iii. *Rhaglenni teledu*. Mae rhaglenni'n cael eu dangos ar y teledu, sy'n help mawr. Mae rhai'n arbennig i ddysgwyr, ond mae isdeitlau gan y rhan fwyaf o raglenni erbyn hyn, ac mae hi'n bosibl i ddysgwyr eu dilyn yn hawdd, a dysgu yr un pryd.

iv. *Rhaglenni radio*. Mae rhaglenni *Catchphrase* ar Radio Wales, ac maen nhw'n addas i sawl lefel o ddysgwyr. Mae hi'n bosibl cael nodiadau *Catchphrase* oddi wrth Radio Cymru, BBC, Llandaf, Caerdydd.

v. *CYD* – ffeindiwch y gangen agosaf o CYD, ac ewch yno ar unwaith! Os nad oes cangen o CYD yn eich ardal chi, ewch ati i ddechrau un! Defnyddiwch lolfa tafarn neu le cyfleus arall, lle gellwch chi fwynhau yr un pryd â dysgu.

vi. *Dosbarthiadau pellach*. Mae llawer o ddosbarthiadau Cymraeg ar lefelau eitha uchel yn cael eu cynnal ym mhob rhan o'r wlad. 'Dosbarth Gloywi Cymraeg' yw'r enw ar y rhain weithiau. Mae llawer o'r rhain yn cael eu trefnu gan y colegau yn eich ardal. Weithiau mae'r dosbarthiadau hyn yn cynnig astudio ar gyfer Arholiad Defnyddio'r Gymraeg, neu Arholiad Tystysgrif, sy'n cyfateb i lefel TGAU neu Safon Uwch yn yr ysgol. Mae hi hefyd yn bosibl astudio ar gyfer Unedau Cymraeg y Coleg Agored, sy'n cael eu trefnu o dan y tri chonsortiwm achredu yng Nghymru. Fe gewch chi dystysgrifau i ddangos eich bod chi wedi dysgu!

vii. *Yr Eisteddfod Genedlaethol*. Mae'r Eisteddfod Genedlaethol bob blwyddyn yn cynnal gweithgareddau i ddysgwyr. Gan fod ardal yr eisteddfod yn newid bob blwyddyn, bydd yn dod i'ch ardal chi cyn bo hir iawn! Gallech hefyd ymuno ag un o'r pwyllgorau neu â Chôr yr Eisteddfod a chael cyfle i siarad Cymraeg.

viii. *Llyfrau*. Cofiwch fod darllen yn bwysig. Gofynnwch yn eich siop llyfrau Cymraeg am restr o lyfrau sy'n addas i ddysgwyr. Mae rhai wedi cael eu hysgrifennu yn arbennig i ddysgwyr, mae eraill wedi cael eu haddasu i ddysgwyr. Mae tipyn o ddeunydd dysgu ar gael gan Siop CBAC, Cyd-bwyllgor Addysg Cymru, 245 Rhodfa'r Gorllewin, Caerdydd. CF5 2YX.

ABERTAWE

Er bod llawer o bobl yn siarad Cymraeg yn Abertawe – os ewch chi i siopa yno ar ddydd Sadwrn, fe glywch chi dipyn o Gymraeg – erbyn hyn mae hi'n anodd dod o hyd i un ardal arbennig lle mae llawer o bobl yn siarad yr iaith. Mae tua 10% o'r boblogaeth yn siarad Cymraeg yn y rhan fwyaf o rannau o Abertawe, ond mae rhaid mynd ychydig y tu allan i'r ddinas i ddod o hyd i bentrefi lle mae'r mwyafrif yn siarad yr iaith.

Os ewch chi i Felindre, neu lan Cwm Tawe, fe glywch chi dipyn mwy o Gymraeg. Mae tafarn y Shepherds yn Felindre yn ganolfan i siaradwyr Cymraeg y pentre. Os ewch chi ychydig yn bellach, i ddyffryn Aman, fe allwch chi fynd i unrhyw dafarn neu glwb i glywed ac i siarad Cymraeg. Ac mae trefi Cymraeg Llandeilo, Rhydaman, Brynaman o fewn hanner awr yn y car.

Ond stori wahanol yw hi yn Abertawe ei hun. Yma mae rhaid i chi wneud ymdrech i ddod o hyd i siaradwyr Cymraeg. Slawer dydd yn Nhreforys, meddai Wil Rees, hen gymeriad o Dreforys, byddech chi'n troi eich pen i weld pwy oedd yno wrth glywed rhywun yn siarad Saesneg. Erbyn hyn rydych chi'n troi eich pen i weld pwy sy yno wrth glywed rhywun yn siarad Cymraeg.

Yn wahanol i ugain mlynedd yn ôl mae cymaint yn siarad Cymraeg yng ngorllewin Abertawe ag sydd yn nwyrain y ddinas. Dwyrain y ddinas, yn draddodiadol, oedd yr ardal

Chris Haines a'i fand yn perfformio yn Nhŷ Tawe. Fe gewch lawer o hwyl mewn nosweithiau canu yn y clybiau Cymraeg

GEIRFA

tipyn	*a few, a number of*
ardal	*area*
poblogaeth	*population*
mwyafrif	*majority*
ymdrech	*effort*
slawer dydd	*long ago, in days gone by*
gorllewin	*west*
dwyrain	*east*
yn draddodiadol	*traditionally*

GEIRFA

ymuno â	*to join*
trefnydd	*organiser*
llwyddiannus	*successful*
gwanwyn	*spring*
hydref	*autumn*
bywiog	*lively*

Gymraeg, ond erbyn hyn mae gan ardaloedd fel Sgeti, yr Uplands a hyd yn oed y Mayals, dipyn o siaradwyr Cymraeg. Y broblem yw dod o hyd iddyn nhw, gan fod llawer iawn ohonyn nhw'n treulio'r nos yn gwisgo slipers o flaen y tân.

Mae llawer o ddosbarthiadau Cymraeg yn cael eu cynnal yn Abertawe a'r cylch i ddysgwyr: holwch y colegau lleol. Wrth ymuno â dosbarthiadau Cymraeg yn Nhŷ Coch, Treforys, Gorseinon ac ardaloedd eraill, fe ddewch chi i nabod dysgwyr yn yr ardaloedd hynny. Dosbarthiadau unwaith yr wythnos yw'r rhan fwyaf o'r rhain. Mae dosbarthiadau Wlpan yn cael eu cynnal yn Nhŷ Tawe, sydd wedi dod yn ganolfan i ddysgwyr yr ardal. Mae Wlpanau'n cael eu trefnu yn ystod y dydd a'r nos, ac mae dosbarthiadau uwch yn cael eu cynnal yno hefyd. Cysylltwch â'r trefnydd dosbarthiadau, Mark Stonelake, sy'n gweithio yn Nhŷ Tawe: 642294.

Mae Tŷ Tawe yng nghanol y dref, yn yr adeilad y tu ôl i Siop y Werin. Mae llawer o bethau'n cael eu cynnal yno, ond un o'r cymdeithasau mwyaf llwyddiannus yno yw CYD, sy'n cwrdd bob nos Lun. Mae tua dau ddeg neu dri deg yn dod i'r bar yn Nhŷ Tawe bob nos Lun i siarad Cymraeg. Mae Côr Tŷ Tawe'n cwrdd bob nos Fercher – cyfle arall i chi ganu a siarad Cymraeg – ac mae nifer o ddysgwyr yn y côr.

Os ydych chi'n hoff o ddrama, gallwch chi helpu Cymdeithas Ddrama Gymraeg Abertawe, sy'n perfformio dwy ddrama'r flwyddyn, yn y gwanwyn ac yn yr hydref. Maen nhw'n cwrdd weithiau yng Nghlwb Rygbi Abertawe, yn San Helen. Mae tipyn o siaradwyr Cymraeg yn mynd yno.

Theatr Gorllewin Morgannwg, un o'r cwmnïau drama Cymraeg gorau yng Nghymru. Dylech chi fanteisio ar bob cyfle i weld dramâu Cymraeg yn eich ardal

Clwb rygbi arall lle gallwch chi siarad Cymraeg yw Clwb Rygbi Treforys, lle mae Gary Evans yn arwain côr meibion bywiog iawn. A lan y cwm, yng Nghlydach, gallwch chi fynd i Glwb Rygbi'r Fardre, sy hefyd yn falch iawn o'i gôr meibion.

Mae sawl cangen o Ferched y Wawr yn cwrdd yn Abertawe – mae cangen Abertawe yn cwrdd yn Nhŷ Tawe, ac mae cangen hefyd yn Nhreforys, yn Nhre-boeth, ac yng Ngellifedw.

Does dim llawer o iypis Cymraeg yn Abertawe, fel yng Nghaerdydd, felly does dim llawer o dafarnau'r ddinas wedi cael eu meddiannu gan siaradwyr Cymraeg.

Mae nifer o gapeli Cymraeg bywiog yn Abertawe, felly gallwch chi siarad Cymraeg ar ddydd Sul! Capel Bethel Sgeti (Annibynwyr) yw'r mwya bywiog yn y ddinas. Mae tipyn yn mynd hefyd i Gapel Ebenezer Newydd (Stryd Henrietta – Annibynwyr), ac mae Capel y Trinity, Uplands (Methodistiaid) yn dal ati. Yn Nhreforys mae Capel y Tabernacl (Annibynwyr) yn llawn ar gyfer cyngherddau, ac mae Capel Hebron Clydach (Annibynwyr) yn boblogaidd. Gyda'r Bedyddwyr, Capel Caersalem, Tre-boeth, yw'r mwyaf, ond rhowch gynnig hefyd ar Ddinas Noddfa (Glandŵr), Capel Gomer (canol y ddinas) a Moriah Ynystawe.

Os ydych chi'n hoff o ddawnsio gwerin, gallwch chi ymuno â grŵp dawnsio gwerin Tawerin. Cofiwch hefyd am y dosbarthiadau llenyddiaeth a hanes sy'n cael eu cynnal yn Hendrefoelan, Treforys, Tŷ Tawe, ac yn y trefi o gwmpas. Mae Tŷ'r Cymry, cymdeithas ddiwylliannol, yn cwrdd yn y Llannerch, yr Uplands, bob nos Fawrth trwy'r gaeaf, ac mae Cylch Cinio Abertawe yn cwrdd yng Nghlwb Rygbi San Helen.

Mae ysgolion Cymraeg y ddinas (mae ysgolion cynradd Cymraeg yn ardaloedd Llansamlet, Brynmill, Mynydd-bach, Waunarlwydd, Clydach a Gorseinon, ac ysgol uwchradd Gymraeg yn Nhre-gŵyr) yn cynnal llawer o weithgareddau, ac weithiau mae nosweithiau Cymraeg yn cael eu trefnu yn Theatr Taliesin ac yn Nhŷ Llên. Fe gewch chi wledd a sioe yn Hwyrnos, ger Wind Street, ond mae hi'n gostus i fynd yno bob wythnos!

GEIRFA

Gellifedw	*Birchgrove*
meddiannu	*to occupy*
Annibynwyr	*Independents*
dal ati	*still going*
rhoi cynnig ar	*to try out*
diwylliannol	*cultural*
cynradd	*primary*
uwchradd	*secondary*

Bryn Terfel yn canu gyda Chôr Tŷ Tawe

TAF ELÁI

Helen Prosser

GEIRFA

twf	growth
clonc	*chat*
adloniant	entertainment
gweithgaredd(au)	*activity(ies)*

Mae ardal Taf Elái i'r gogledd o Gaerdydd, a'i phrif dref yw Pontypridd. Mae'r ardal wedi bod yn enwog dros y blynyddoedd diwethaf am y twf mewn addysg Gymraeg ac erbyn hyn mae llawer o gyfleoedd i blant ac oedolion gymdeithasu yn y Gymraeg. Mae croeso bob amser i oedolion sydd wrthi'n dysgu Cymraeg neu sydd wedi dysgu'r iaith.

Fel sawl ardal arall yng Nghymru, mae clwb Cymraeg yn Nhaf Elái. Mae Clwb y Bont yng nghanol tref Pontypridd ac yn cynnig y cyfle i siaradwyr Cymraeg gael peint a chlonc rhwng 7 pm ac 11 pm rhwng nos Lun a nos Sadwrn. Fel pob clwb arall, mae Clwb y Bont hefyd yn cynnig rhaglen o adloniant ac mae grwpiau a dramâu Cymraeg i'w gweld yn y clwb yn aml. Mae dosbarthiadau i ddysgwyr yno ac yn y clwb mae CYD Taf Elái yn cynnal eu gweithgareddau. Nosweithiau poblogaidd iawn yng nghalendr y clwb yw'r nosweithiau 'gemau' lle mae timau gwahanol yn cystadlu yn erbyn ei gilydd yn chwarae dartiau, pŵl, a tipit.

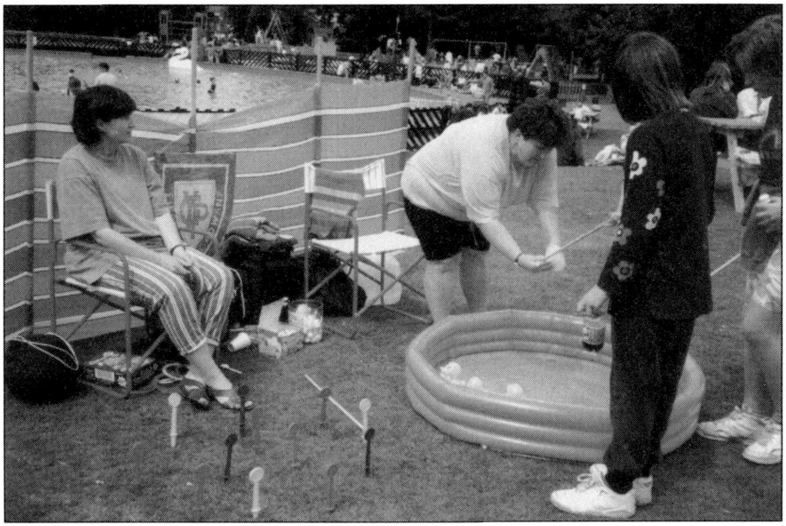

Raligamps Menter Iaith ym Mharc Ynysangharad

Daeth Eisteddfod Genedlaethol yr Urdd i Donyrefail yn Nhaf Elái yn 1991 ac yn dilyn yr ymweliad hwnnw, penderfynodd rhai o'r trefnwyr sefydlu rhywbeth i sicrhau digon o weithgarwch Cymraeg yn yr ardal ar ôl i'r Eisteddfod adael. Sefydlwyd Menter Taf Elái yn 1992. Mae'r Fenter yn canolbwyntio ar drefnu gweithgareddau i blant a phobl ifanc i sicrhau eu bod yn cael cyfle i ddefnyddio'r iaith y tu allan i'r ysgol ond mae rhai gweithgareddau yn cael eu cynnal ar gyfer oedolion hefyd. Mae timau o wahanol ardaloedd yn dod at ei gilydd i chwarae bowlio 10, caiff taith gerdded a barbeciw eu trefnu yn flynyddol i godi arian i helpu dysgwyr sy ddim yn gallu fforddio mynd ar gyrsiau preswyl, a chaiff Eisteddfod Dafarn ei threfnu fel rhan o ŵyl 'Raligamps' ym mis Gorffennaf. Chwaraeon i deuluoedd yw 'raligamps'.

Yn ddiweddar, mae Menter Taf Elái wedi ehangu ei hardal i gynnwys y Rhondda, ac wedi newid ei henw yn Menter Iaith. Er nad yw Menter Iaith yn cynnig llawer iawn o gyfleoedd i oedolion gymdeithasu yn Gymraeg, mae'n cynnig llawer o gyfleoedd i bobl ddefnyddio'r iaith trwy helpu yn y gweithgareddau i blant a phobl ifanc. Mae bob amser eisiau pobl i helpu yn y cwmnïau drama, clybiau snwcer, clwb pêl-droed, Clwb Bore Sadwrn yng Nghlwb y Bont a'r cynlluniau chwarae sy'n cael eu cynnal drwy'r dydd yn ystod pob un o'r gwyliau ysgol. Mae'r Fenter hefyd yn ymgyrchu i sircrhau cyfleoedd i bobl ddefnyddio'r iaith yn siopau'r ardal ac mae siop Tesco yn Llantrisant ac ym Mhontypridd yn arddangos bathodynnau Iaith Gwaith i ddangos eu bod yn gallu cynnig gwasanaeth yn y Gymraeg.

Mae dwy gymdeithas Gymraeg lwyddiannus iawn i oedolion yn yr ardal, sef Clwb y Dwrlyn (ardal Pentyrch, Creigiau, Gwaelod y Garth) a Chymdeithas Gymraeg Llantrisant. Mae'r ddwy gymdeithas yn cyfarfod yn fisol ac yn cynnig rhaglenni amrywiol. Ymhlith y gweithgareddau sy'n cael eu cynnig mae sgyrsiau / darlithoedd gan siaradwyr gwadd, helfa drysor, taith gerdded, taith i'r theatr, noson adloniant, cwis, mynd allan am bryd o fwyd a theithiau diwrnod a phenwythnos. Un o'r nosweithiau mwyaf poblogaidd yw pan fydd y cymdeithasau yn cyfarfod

GEIRFA

ymweliad	*visit*
trefnwyr	*organizers*
sefydlu	*to establish*
canolbwyntio	*to concentrate*
ardal(oedd)	*area(s)*
fforddio	*to afford*
ehangu	*to expand*
ymgyrchu	*to campaign*
sicrhau cyfle(oedd)	*to ensure an opportunity(ies)*
arddangos	*to display*
bathodyn(nau)	*badge(s)*
gwadd	*guest*
helfa drysor	*treasure trail*

GEIRFA

brethyn cartref	*home spun cloth*
cystadlaethau	*competitions*
barddoni	*to write poetry*
brwd	*keen*
Gŵyl Cerdd Dant	*Harp Music Festical*
canolfannau hamdden	*leisure centre*

ar gyfer noson 'brethyn cartref', sef noson o gystadlaethau fel sgets, canu, siarad cyhoeddus, meimio a barddoni. Mae Clwb y Dwrlyn nid yn unig yn trefnu cyfarfodydd misol, maent hefyd yn trefnu gwyliau sgïo dros y flwyddyn newydd pan fydd dros hanner cant o Gymry'r ardal yn treulio cyfnod yn sgïo ac yn cael hwyl yn Gymraeg gyda'r nos.

Os oes gan rywun ddiddordeb mewn canu, mae'r ardal yn cynnig dewis o ddau gôr Cymraeg i ferched, ond dim ond un i ddynion. Mae un o gorau cymysg yr ardal, Côr Godre'r Garth, yn un enwog iawn. Mae'r côr yn cystadlu mewn eisteddfodau, yn gwneud nifer fawr o gyngherddau ac yn teithio dramor. Mae pob aelod o'r côr yn siarad Cymraeg ac mae hyn yn wir hefyd am Merched y Garth. Mae Merched y Garth yn cystadlu'n frwd iawn bob blwyddyn yn yr Ŵyl Cerdd Dant ac yn aml iawn yn ennill.

Un syniad sy wedi gweithio'n dda iawn yn hen ardal Morgannwg Ganol yw Noson i'r Teulu yng nghanolfannau hamdden y sir. Yn Nhaf Elái, caiff y Noson i'r Teulu ei chynnal yng Nghanolfan Hamdden Llantrisant. Yn

Plant ysgolion y cylch yn mwynhau'r Raligamps

ystod y noson honno mae popeth yn Gymraeg yn y Ganolfan Hamdden, ac am bris rhesymol iawn mae teuluoedd yn gallu cymryd rhan yn y gweithgareddau arferol fel nofio a sboncen, neu mae'r plant yn gallu cymryd rhan yn y gweithgareddau arbennig megis disgo, sglefrolio, gwersi pêl-droed, cystadleuaeth bêl-rwyd tra bydd y rhieni yn ymlacio yn y bar. Yn aml iawn bydd ysgolion Cymraeg neu gwmnïau theatr mewn addysg yn perfformio yn ystod y noson a bydd rhywun yn canu yn y bar i ddod â'r noson i ben.

Mae hawl gan bawb gael lle mewn ysgolion Cymraeg. Gwnewch yn siŵr fod pob plentyn yn eich teulu chi'n mynd i ysgol Gymraeg

Cyfle arall i glywed a defnyddio'r Gymraeg yn yr ardal yw yn yr amrywiol gapeli Cymraeg – Capel Salem yn Nhonteg, Capel Sardis ym Mhontypridd, Capel y Ton yn Nhonyrefail, Capel Bethlehem yng Ngwaelod y Garth, a Thabernacl, yr Efail Isaf. Ac os oes gennych blant sy'n siarad Cymraeg, bydd croeso mawr iddynt yn ysgolion Sul a chlybiau pobl ifainc y capeli hyn.

Un o ddigwyddiadau mawr y flwyddyn yw gŵyl ddrama'r papur bro, *Tafod Elái*. Mae'r ŵyl yn cael ei chynnal am dair neu bedair noson yn ystod yr un wythnos ym mis Tachwedd gyda tua deuddeg cwmni gwahanol yn cymryd rhan. Mae'r cwmnïau'n dod o ysgolion a chymdeithasau Cymraeg yr ardal a thu hwnt ac mae beirniad enwog yn derbyn gwahoddiad bob blwyddyn – pobl fel

GEIRFA

rhesymol	*reasonable*
arferol	*usual*
sboncen	*squash*
sglefrolio	*roller-skating*
pêl-rwyd	*netball*
digwyddiad(au)	*event(s)*
gŵyl	*festival*
yn cael ei chynnal	*is held*
tu hwnt	*beyond*
beirniad	*adjudicator*
gwahoddiad	*invitation*

GEIRFA

bwrlwm	*ferment*
mudiad	*movement*
yn ogystal â	*as well as*
sefydliad(au)	*organization(s), institution(s)*
llu	*host*
mwyafrif	*majority*
llwyddiannus	*successful*

'Mrs Mac' *Pobl y Cwm* (Iola Gregory) a 'George' *C'mon Midffîld* (Llion Williams). Mae Neuadd Dowlais yn yr Efail Isaf, lle mae'r ŵyl yn cael ei chynnal, yn fwrlwm o Gymreictod yn ystod yr wythnos honno ym mis Tachwedd.

Mae mudiad CYD yn weithgar yn Nhaf Elái i helpu dysgwyr i ddod i ddefnyddio'r Gymraeg, ond yn ogystal â CYD, mae llawer iawn o gymdeithasau a digwyddiadau sy'n rhoi cyfle i oedolion sy'n dysgu'r iaith gyfarfod â Chymry Cymraeg yr ardal. Mae croeso arbennig i ddysgwyr yn holl ddigwyddiadau a chymdeithasau Cymraeg yr ardal. Am ragor o wybodaeth, cysylltwch â Chlwb y Bont ar 01443 491424 neu â Menter Iaith ar 01443 226386. Mae Menter Iaith yn cyhoeddi 'Prosbectws' o gymdeithasau a sefydliadau Cymraeg yr ardal.

CYD

Digwyddiadau yn yr ardal. Manylion pellach: Danny Grehan 01443 671577.
9 Gorffennaf: Sioe Sleidiau, Clwb Rygbi, Tonyrefail.
11 Gorff: Parti Dysgwyr, Coleg Pencoed.
12 Gorff: Tripiau CYD Merthyr a Phenybont i Ŵŷl Werin y Cnapan. Bysiau yn gadael am 10yb ac yn dod yn ôl yn hwyr!
25 Gorff: Noson Nofio i Deuluoedd, Canolfan Hamdden Ystrad Rhondda.
5 Awst: Rownd Derfynol Cwis CYD, Eisteddfod y Bala.
31 Awst: Taith Gerdded, Canolfan Hamdden Penybont.
19 Medi: Cyflwyno Tystysgrifau a Jac y Do, Clwb Pêl Droed Ton Pentre.
26 Medi: Cwis, Clwb Brynmenyn.
2 Hydref: Twmpath, Clwb y Bont.
8 Rhagfyr: Parti Nadolig, Clwb y Bont, Pontypridd.

Cofiwch am y llu o ysgolion Cymraeg yn yr ardal – mae cymdeithasau rhieni gan y mwyafrif ohonynt, gan gynnwys y ddwy ysgol uwchradd Gymraeg lwyddiannus, Rhydfelen a Llanhari, ac maen nhw'n trefnu digwyddiadau lle rydych chi'n siŵr o gael cyfle i siarad Cymraeg!

Un ffordd ardderchog o ddod i wybod am fywyd Cymraeg yr ardal hon ac am y llu o weithgareddau Cymraeg yno fyddai prynu copi o'r papur bro, *Tafod Elái*, bob mis.

CAERDYDD

Efa Gruffudd

Caerdydd yw prifddinas Cymru. Dim ond ychydig dros 6% o boblogaeth Caerdydd sy'n siarad Cymraeg – ond mae 6% o chwarter miliwn o bobl yn llawer – felly does dim esgus dros beidio ag ymarfer eich Cymraeg yng Nghaerdydd!

Mae llawer o bobl o bob rhan o Gymru wedi dod i Gaerdydd i weithio yn y sefydliadau cenedlaethol – yr Amgueddfa Genedlaethol, Cyd-bwyllgor Addysg Cymru, BBC ac HTV, y Brifysgol, Amgueddfa Sain Ffagan, Bwrdd yr Iaith, y Swyddfa Gymreig, a sawl sefydliad arall. Oherwydd hyn, mae llawer o bobl ifanc yn y ddinas sy'n siarad Cymraeg. Mae yma, ar hyn o bryd, tua wyth o ysgolion cynradd Cymraeg, a dwy ysgol gyfun Gymraeg.

Dewi Pws yn agor Ffair Haf mewn Ysgol Gyfun Gymraeg

Tafarndai Caerdydd

Dechreuwch eich noson ym mhen uchaf Heol y Gadeirlan yn nhafarn yr 'Half Way'. Bydd Cymro neu ddau, neu dri, neu bedwar neu bump yma bob noson o'r wythnos. Os arhoswch chi'n agos at y bar, rydych chi'n siŵr o gael sgwrs. Os nad oes digon o fywyd i chi yma, yna ewch am dro rownd y gornel i'r 'Conway' – cuddfan arall i Gymry Caerdydd. Bydd eich Cymraeg yn siŵr o wella wrth i'r noson fynd yn ei blaen. Beth am fynd ymlaen wedyn i un o'r clybiau?

GEIRFA

dim esgus	*no excuse*
sefydliad(au)	*institution(s)*
cenedlaethol	*national*
Amgueddfa Genedlaethol	*National Museum*
Cyd-bwyllgor Addysg Cymru (CBAC)	*Welsh Joint Education Committee (WJEC)*
Y Brifysgol	*The University*
Bwrdd yr Iaith	*The Language Board*
ar hyn o bryd	*at present*
Heol y Gadeirlan	*Cathedral Road*
cuddfan	*hiding place*

GEIRFA

mynediad	*entrance*
detholiad	*selection*
ffefryn(nau)	*favourite(s)*
cewch ddawnsio	*you'll be allowed to dance*
gweithgareddau	*activities*
amrywiol	*various*
anfarwoli	*to immortalise*
ymlacio	*to relax*
llofnod(ion)	*autograph(s)*
gwerthfawrogi	*to appreciate*

Clybiau Caerdydd

Nos Sadwrn yw'r noson orau i fynd i glwb mwyaf enwog Cymru – Clwb Ifor Bach, yn Stryd Womanby (sydd gyferbyn â'r castell yng nghanol y ddinas). Ewch yno'n gynnar am ddau reswm – er mwyn sicrhau mynediad ac er mwyn prynu'ch diodydd cyn i'r prisiau godi! Os ydych chi'n hen ac yn barchus, yna mae'n werth ichi aros lawr llawr er mwyn gwrando ar ddetholiad o 'hen ffefrynnau' cerddoriaeth Gymraeg. Os ydych chi'n dal i fod yn ifanc ac yn llawn bywyd, yna fe ddylech chi ddringo i fyny'r grisiau metel i'r trydydd llawr – cewch ddawnsio yno trwy'r nos. Mae'n anodd gadael Clwb Ifor Bach heb ymarfer eich Cymraeg. Mae nosweithiau a gweithgareddau amrywiol eraill yn cael eu trefnu yno hefyd.

Clwb arall poblogaidd gan Gymry Caerdydd, yn enwedig y rhai enwog, yw Clwb y Cameo ym Mhontcanna. Mae'r clwb wedi cael ei anfarwoli gan Huw Chiswell yn ei gân 'Y Cameo Man'. Yma, yn y clwb sydd fel ystafell flaen tŷ cyffredin, efallai y byddwch yn cyfarfod â chwaraewyr Clwb Rygbi Cymry Cymraeg Caerdydd. Dyma lle maen nhw'n ymlacio ar ôl ymarfer yn galed. Gair o gyngor – peidiwch â mynd i'r Cameo heb eich llyfr llofnodion!

Canolfannau Caerdydd

Bu Canolfan yr Urdd yn Heol Conway, Pontcanna, yn lle poblogaidd ers blynyddoedd i Gymry'r ddinas. Erbyn hyn mae bar dialcohol a lolfa gysurus yno. Yma mae Aelwyd yr Urdd yn cyfarfod, ac mae cwisiau a gweithgareddau amrywiol yn cael eu cynnal yma'n gyson. Ar nos Fercher, mae Côr Cymry Caerdydd yn ymarfer yn galed yno. Mae'r côr pedwar llais yn canu amrywiaeth o gerddoriaeth – o'r ysgafn i'r clasurol – ac maen nhw'n gwerthfawrogi aelodau newydd. Mae grŵp dawnsio gwerin yn cyfarfod yma hefyd.

Mae'r Urdd ar hyn o bryd ar ganol newid i adeilad newydd sbon ym Mae Caerdydd, a bydd llawer o weithgareddau Cymraeg yn cael eu cynnal yn ardal fwyaf modern y ddinas cyn bo hir.

Canolfan i ddysgwyr Caerdydd yw Canolfan Acen yn Stryd y Bont. Bellach mae Clwb i Ddysgwyr yn cael ei gynnal yno bob dydd Sadwrn, ac mae croeso i ddysgwyr a'u teuluoedd ddod i gael sgwrs. Bydd cyfle hefyd i ofyn am help os ydych chi'n cael trafferth gyda'ch gwersi Cymraeg. Mae gwersi Cymraeg yn cael eu cynnal yma hefyd.

Yng nghanolfan y Chapter, Treganna, ac yn Theatr y Sherman, Cathays, y mae dramâu Cymraeg yn cael eu perfformio, fel arfer. Pan fydd drama neu sioe Gymraeg yn un o'r llefydd hyn, fe fyddan nhw o dan eu sang o Gymry dosbarth canol y ddinas. Os hoffech chi ymuno yn yr hwyl, fe fydd sigâr neu wydryn o win yn help i chi. Dylai fod digon o gyfle i chi ymarfer eich Cymraeg yn ystod yr egwyl neu ar ddiwedd y perfformiadau. Mae gan y ddau le fariau digon dymunol a chymdeithasol.

Os ydych chi'n fyfyriwr, mae'n werth i chi gysylltu â'r Undeb. Fe allan nhw roi cyngor i chi ar y llefydd mwyaf hip a threndi i gyfarfod â myfyrwyr Cymraeg. Lle da i ddechrau fyddai Neuadd Breswyl Plas Gwyn. Mae dawnsfeydd Cymraeg yn cael eu cynnal yn yr Undeb, o bryd i'w gilyd.

Bwytai Caerdydd

Os hoffech chi glywed Cymraeg wrth fwyta – yna dylech fynd i un o fwytai Treganna, am mai yma mae canran uchel o Gymry ifanc, proffesiynol yn bwyta. Mae gweinwyr bwyty'r 'Indo-Cymru' yn gyfarwydd â chlywed Cymraeg – yn enwedig yn gynnar y bore! Bwytai poblogaidd eraill gan Gymry'r ddinas yw'r 'Hapus Dyrfa' a'r 'Ffordd Eidalaidd'. Does dim cymaint o Gymraeg i'w glywed yn 'Blas ar Gymru' – bwydydd â blas Cymreig sydd ar gael yno!

Capeli Caerdydd

Mae digon o ddewis o gapeli Cymraeg i fynd iddyn nhw yng Nghaerdydd, ac fe gewch chi groeso cynnes yno. Bydd rhaid i chi fod yn ofalus pa enwad yw'r capel – neu fe allech chi bechu. Peidiwch â mynd at yr Annibynwyr os Methodist ydych chi! Wel, dyna sut oedd hi yng Nghymru ar ddechrau'r ganrif, ond mae pethau wedi newid nawr.

Mae capel Cymraeg gan yr

GEIRFA

trafferth	*trouble, difficulty*
o dan eu sang	*filled to capacity*
dylai fod	*there should be*
cysylltu â	*to contact*
Undeb	*Union*
Neuadd Breswyl	*Hall of Residence*
gweinwyr	*waiters*
enwad	*denomination*
pechu	*to sin, to offend*
Annibynwyr	*Independents*

Dafydd Hywel yr actor yn gofyn am fwy o ysgolion Cymraeg

GEIRFA

yr Ais	*the Hayes*
gwasanaeth(au)	*service(s)*
a'r cyffiniau	*and district*

Annibynwyr yn Minny Street, oddi ar Heol y Crwys, ac yn Heol Siarl – Salem. Y Tabernacl yn yr Ais yw capel Cymraeg y Bedyddwyr, ac mae capel Cymraeg gan y Methodistiaid yn Stryd y Farchnad, Treganna, ac yn Heol Richmond, y Rhath. Mae Eglwys Dewi Sant (sy'n perthyn i'r Eglwys yng Nghymru) yn St. Andrews Crescent. Mae gwasanaethau yn y bore a'r hwyr fel arfer.

Ysgolion Cymraeg

Ysgol Gyfun Glantaf oedd ysgol gyfun ddwyieithog y brifddinas ond ym Medi 1998 agorodd ysgol Gymraeg newydd – ysgol Plas-mawr – yn y Tyllgoed, yng ngogledd y ddinas. Mae nifer o ysgolion cynradd Cymraeg yn ei bwydo. Cofiwch, os ydych yn rhiant, y cewch ddigon o gyfle i siarad Cymraeg yn y nosweithiau rhieni.

Cymdeithasau Cymraeg Caerdydd

Mae nifer o gymdeithasau yn cyfarfod yn gyson yng Nghaerdydd a'r cyffiniau. Mae sawl cylch cinio a sawl cangen o Ferched y Wawr yma. Mae cangen o CYD yn cyfarfod yma hefyd. I gael yr wybodaeth ddiweddaraf, byddai'n well i chi gael gafael ar gopi o'r *Dinesydd*, papur Cymraeg Caerdydd. Bydd un ar gael bob amser yn siop Gymraeg Caerdydd, Oriel, yn ymyl Stryd y Frenhines. Mae papur bro Caerdydd, yn wahanol i bopeth arall sydd yma, am ddim, gyda llaw!

A chithau'n awr yn gwybod popeth, does dim esgus gyda chi am beidio ag ymuno ym mywyd Cymraeg Caerdydd!

Rhifau Ffôn Defnyddiol:

Clwb Ifor Bach (i gael tocynnau, yn arbennig ar gyfer dyddiau gemau rhyngwladol)
(01222) 232199
Canolfan yr Urdd
(01222) 236201
Canolfan Acen
(01222) 655455
Canolfan y Chapter
(01222) 396061
Theatr y Sherman
(01222) 230451
Undeb y Myfyrwyr, Caerdydd
(01222) 396421
Tŷ'r Cymry
(01222) 486469
Y Dinesydd
(01222) 578772

SIR BENFRO

Robina Elis-Gruffydd

Mae gan y dysgwyr sy'n byw yng ngogledd sir Benfro lawer mwy o gyfle i gymdeithasu yn y Gymraeg na'r rhai sy'n byw yn ne'r sir. Ond mae'n bosibl teithio, ac mae rhai o ddysgwyr y de yn cael blas ar groeso Cymraeg tafarn y Crymych Arms. Yma mae'r Sadwrn Siarad cyntaf yn rhaglen Sadyrnau Siarad y sir yn cael ei gynnal. Mae gweithgareddau CYD yn bwysig trwy'r sir, ac yn enwedig yn y de. Yno maen nhw'n rhoi siawns i ddysgwyr gymdeithasu â siaradwyr Cymraeg.

Mae angen cofio tri pheth: gofynnwch i'r siaradwyr Cymraeg rych chi'n eu nabod am y digwyddiadau sy'n cael eu cynnal; edrychwch yn eich papurau lleol, ac ar bosteri yn ffenestri siopau; yn olaf byddwch yn barod i fentro. Ac os oes plant 'da chi, neu hyd yn oes os nad oes, gellwch fwynhau perfformiadau a digwyddiadau sy'n rhan o fywyd ysgolion categori A y gogledd, neu Ysgol Glancleddau, Hwlffordd, ac unedau Cymraeg y de.

Papurau lleol

Mae llawer o adroddiadau a hysbysebion yn y *Cardigan & Tivyside Advertiser*, papur wythnosol gogledd y sir, ond mae'n werth chwilio yn y *County Echo* a'r *Western Telegraph*. Mae'r papurau bro yn bwysig iawn hefyd – mae rhestr yn y llyfr hwn. Mae siopau Cymraeg hefyd yn help – eto mae rhestr yn y llyfr hwn.

Adloniant

Mae dramâu Cymraeg yn cael eu cynnal yn nhair theatr y sir, ond mae mwy o ddramâu Cymraeg yn cael eu

G E I R F A

cael blas ar	*to enjoy*
cynnal	*to hold*
gweithgaredd(au)	*activity(ies)*
cymdeithasu	*to socialise*
digwyddiad(au)	*event(s)*
mentro	*to venture, dare, be brave*
uned(au)	*unit(s)*
adroddiad(au)	*report(s)*
hysbyseb(ion)	*advertisement(s)*
adloniant	*entertainment*

Disgyblion ysgol uwchradd Gymraeg yn cymryd rhan mewn sioe gerdd. Cofiwch fynd i berfformiadau Cymraeg yn eich ardal

GEIRFA

cyngerdd (cyngherddau)	*concert(s)*
noson lawen (nosweithiau llawen)	*evening of light entertainment*
mudiad(au)	*movement(s)*
talentog	*talented*
arddangosfa	*exhibition*
celf	*art*
cerdd dant	*singing to the harp*

Dic Jones, y prifardd, gyda Hywel Teifi Edwards. Ewch i ddarlithoedd ac i ddosbarthiadau Cymraeg yn eich ardal

perfformio yn yr un gyntaf o'r rhain: Theatr y Gromlech (01239 831455); Theatr Gwaun Abergwaun (01348 873421); Theatr y Torch, Aberdaugleddau (01646 695267). Mae cwmnïau drama Cymraeg yn perfformio mewn neuaddau pentref yng ngogledd y sir: Cwmni Ieuenctid Bro'r Preseli (Kevin Davies 01239 831455); Cwmni Drama Llandudoch (Terwyn Tomos 01239 612928); Cwmni'r Mochyn Du, Ffynnon-groes (Geraint Jones 01239 891270); Cwmni Cerwyn, Maenclochog.

Cyngherddau

Mae llawer o gyngherddau ac o nosweithiau llawen yn cael eu cynnal mewn neuaddau pentref ac mewn gwestyau a hefyd yn Theatr y Gromlech. Mae cymdeithasau lleol, ysgolion a mudiadau lleol, fel y Mudiad Ysgolion Meithrin, yn cynnal llawer o'r rhain i godi arian. Mae artistiaid enwog Cymraeg a pherfformwyr talentog lleol yn cymryd rhan yn aml.

Mae dwy Ŵyl flynyddol yn Sir Benfro. Mae Gŵyl Bro'r Preseli dros ugain mlwydd oed, ac mae'n cael ei chynnal tua'r drydedd wythnos ym mis Hydref. Yn ystod yr wythnos mae arddangosfa gelf, cyngerdd, drama a darlith (Kevin Davies 01239 831455). Cychwynnodd Gŵyl Gwaun ar ôl i'r Eisteddfod Genedlaethol ymweld ag Abergwaun yn 1986, ac mae pythefnos o ddigwyddiadau'n cael eu cynnal bob gwanwyn. Mae Dydd Gŵyl Ddewi, wrth gwrs, yn cael ei ddathlu mewn nosweithiau cawl a chân ledled y sir.

Corau

Mae canu'n bwysig iawn yn y sir. Mae gan Gôr Crymych enw da am eu perfformiadau mewn eisteddfodau ac mewn cyngherddau, ac mae nifer o ddysgwyr ymhlith ei aelodau. Mae Cantorion Teifi hefyd yn cynnal cyngherddau yn yr ardal. Os oes diddordeb gyda chi mewn cerdd dant, ewch i wrando ar Barti'r Gromlech, parti sy wedi ennill gwobrau yng Ngŵyl Cerdd Dant Cymru. Mae Côr y Newyddion Da, côr plant a phobl ifanc, yn dod yn boblogaidd, o dan ei arweinydd, Marilyn Lewis. Os hoffech chi glywed adloniant oedd yn boblogaidd slawer dydd, mae perfformiadau Bois y Frenni'n dod ag atgofion yn ôl o'r nosweithiau oedd yn cael eu trefnu adeg yr Ail Ryfel Byd, ac mae'r grŵp yn canu caneuon gan y diweddar W.R. Evans.

Eisteddfodau

Mae dysgwyr yn cael blas ar eisteddfodau sy'n cael eu trefnu bob blwyddyn gan yr Urdd. Mae eisteddfodau sir yn cael eu trefnu ym mis Mawrth, yn Hwlffordd, Abergwaun a Chrymych. I gael gwybodaeth am weithgareddau'r Urdd yn y sir cysylltwch ag Eurfyl Lewis (01239 831455). Slawer dydd roedd nifer o eisteddfodau bach lleol yn y sir, ac yn ystod y blynyddoedd diwethaf mae sawl eisteddfod wedi cael ei hatgyfodi, ac mae eraill yn cael eu lansio o'r newydd. Mae eisteddfod Brynberian ym mis Chwefror (Ceri Davies 01239 891296), Eisteddfod Llandudoch ym mis Chwefror (Terwyn Tomos 01239 612928), Eisteddfod Maenclochog ddydd Llun y Banc ym mis Mai, ac Eisteddfod Crymych (Ieuan James 01239 891381) ym mis Hydref, fel rhan o Ŵyl Bro'r Preseli. Mae Eisteddfod Dydd Gŵyl Ddewi yn y Dafarn Sinc, Rosebush, yn ddigwyddiad arbennig hefyd! I ddathlu Dydd Gŵyl Ddewi yn 1997 penderfynodd CYD Tyddewi gynnal Gŵyl Eisteddfodol gan wahodd dysgwyr a Chymry Cymraeg.

Chwaraeon

Unwaith eto, yn y gogledd mae'r cyfle gorau i fwynhau chwaraeon a chymdeithasu trwy'r Gymraeg yr un pryd. Mae timau rygbi, hoci merched a chriced yng Nghrymych (er taw yng Nghlandy Cross mae tîm criced Crymych yn chwarae!). Wrth gwrs, mae timau dartiau ym mhob tafarn. Cyn bo hir bydd Canolfan Chwaraeon newydd yn agor yng Nghrymych a'r gobaith yw y bydd rhai o'r clybiau a'r gweithgareddau sy'n cael eu cynnal yno yn cael eu cynnal trwy'r Gymraeg. Os ych chi'n mo'yn gwybod am yr hyn sy'n digwydd yn y byd chwaraeon yng Nghrymych, mae'n werth i chi gael gair â Carwyn John, Garej Preseli (01239 831230), gohebydd chwaraeon *Clebran*. Bydd Euros Jones, Siop y Sgwâr, Maenclochog, yn gallu rhoi gwybod i chi am gemau criced yn yr ardal.

GEIRFA

slawer dydd	*a long time ago*
atgofion	*memories*
atgyfodi	*to resurrect*
lansio	*to launch*
o'r newydd	*anew*
Llandudoch	*St. Dogmael's*
gwahodd	*to invite*
moy'n (= mofyn)	*to want* (yn y De)
yr hyn sy'n	*what's*
gohebydd	*reporter*

GEIRFA

gwerthfawrogi	*to appreciate*
godidog	*wonderful*
arfordir	*coastline*
cydgerdded	*to walk together*
dished	*dysglaid, paned a cup of*
canllath	*a hundred yards*
cofeb	*memorial*
Merched Beca	*direct action protest movement against the tolls imposed in the 19th century; 'daughters of Rebecca'*
ymosod	*to attack*
dymchwel	*to bring down*
tollborth	*tollgate*
canghennau	*branches*
ledled	*throughout*

Cerdded
I werthfawrogi golygfeydd godidog arfordir, mynyddoedd a dyffrynnoedd y sir, pa ffordd well na cherdded, a chael cyfle i gydgerdded yng nghwmni siaradwyr Cymraeg. Mae ambell daith ar raglen flynyddol Cymdeithas Edward Llwyd (Dyfed Elis-Gruffydd 01239 698689), ac o bryd i'w gilydd mae Parc Cenedlaethol Arfordir Penfro hefyd yn trefnu teithiau cerdded Cymraeg (Geraint Harries 01437 764636). Ac mae teithiau cerdded yn rhan bwysig o raglen CYD Bro'r Preseli.

Tafarnau a Chaffis
Dyma rai o'r tafarnau a'r caffis lle gallwch chi ddisgwyl croeso Cymraeg. I brofi hyn, bydd rhaid i chi alw i mewn am beint neu ddished, a gwrando!
Crymych Arms (01239 831435). Bwyd da hefyd. Mae CYD Bro'r Preseli yn cwrdd yma.
London House, Crymych. Canolfan i dimau rygbi, hoci a chriced ac efallai y gwelwch chi rai o Gowbois Crymych yma (01239 831663).
Glandy Cross (01994 419280).
Tafarn Sinc, Rosebush. Lle da am gwrw, clonc a chân (01437 532214)
Trewern Arms, Nanhyfer. Lle da i fwyta hefyd.
Y Llew Aur a'r Castell, Trefdraeth. Mae CYD Trefdraeth yn cwrdd yn y Llwyngwair Arms, Trefdraeth.
Caffi Beca, Efailwen. Caffi Cymraeg ac o fewn rhyw ganllath i gofeb Merched Beca. Yma roedd Merched Beca wedi ymosod am y tro cyntaf, a dymchwel tollborth Efailwen yn y flwyddyn 1839.

Cymdeithasau
CYD: Dafydd Gwylon (01834 813249) yw trefnydd CYD sir Benfro. Mae canghennau o CYD yn cwrdd ym Mro'r Preseli, Trefdraeth, Tyddewi, Dinbych y Pysgod, Doc Penfro a Hwlffordd.
Merched y Wawr: Mae croeso i ddysgwyr ymuno â changhennau'r mudiad, sydd i'w cael ledled y sir. Mae is-bwyllgor dysgwyr sy'n trefnu rhywbeth ar gyfer dysgwyr bob blwyddyn, weithiau yn noson gymdeithasol ac weithiau yn daith gerdded.
Mudiad Ysgolion Meithrin: Awen Phillips 01239 891637.
Urdd Gobaith Cymru: Eurfyl Lewis (01239 831455). Mae un o ganolfannau'r Urdd, Canolfan Pentre Ifan, yn sir Benfro. Mae'n lle hyfryd i

grwpiau bach o bobl ifanc neu oedolion aros. Mae llwybrau trwy'r goedwig o gwmpas y ganolfan, ac mae teithiau cerdded yn eich arwain at Gromlech Pentre Ifan, Bae Trefdraeth a Charn Ingli. Cysylltwch â Carol Owen (01239 820317).

Cymrodorion: Mae Cymrodorion Abergwaun (Gwen Michael) a Hwlffordd (Rachel O'Rourke) yn trefnu rhaglen o weithgareddau ac yn croesawu dysgwyr i ymuno â nhw.

Cylchoedd cinio: Mae un yn Nhrefdraeth, Hwlffordd (Eryl Parry 01437 741385) a Chas-blaidd (Brian Jones (01437 741490), ac mae croeso i ddysgwyr.

Capeli: Yng ngogledd y sir mae'r rhan fwyaf o'r gwasanaethau yn Gymraeg.

Grwpiau trafod: Mae Adran Addysg Barhaus Prifysgol Cymru Aberystwyth yn trefnu dosbarthiadau yng Nghas-blaidd, Llandudoch, Hwlffordd ac Aber-cuch. I gael y rhaglen, cysylltwch â Martin Wright (01970 622677).

Y Fforddolion: Cymdeithas ddiwylliannol sy'n gwahodd siaradwyr i Grymych bob mis trwy'r gaeaf yw'r Fforddolion. Islwyn Selby (01239 831739).

Fforwm Iaith Abergwaun: Mae'r Fforwm Iaith (Delwyn Davies 01348 872328) yn hybu'r defnydd o'r Gymraeg yn Abergwaun ac Wdig. Mae pentrefi Llandudoch, Crymych, Trefdraeth ac Abergwaun wedi eu gefeillio â phentrefi yn Llydaw, ac yn trefnu teithiau i Lydaw.

Am wybodaeth bellach am y ddarpariaeth i ddysgwyr, cysylltwch â Des Davies, Tŷ'r Ysgol, Crymych (01239 831504) neu Robina Elis-Gruffydd, Cwm Gorllwyn, Boncath (01239 698689).

GEIRFA

arwain at	*to lead to*
diwylliannol	*cultural*
hybu	*to promote*
gefeillio	*to twin*
Llydaw	*Brittany*
gwybodaeth bellach	*further information*
darpariaeth	*provision*

ARDAL YR WYDDGRUG A WRECSAM

Dafydd Gruffydd

GEIRFA

ers tro	*for quite a time*
yr Wyddgrug	*Mold*
tan yn ddiweddar	*until recently*
teiliwr	*tailor*
cerflun	*statue*
arddangosfa	*exhibition*
beirniadu	*criticize*
rhagrith	*hypocrisy*
bonedd	*gentry*
slawer dydd	*years ago*

Er bod ardal Wrecsam wedi bod yn ardal Saesneg ers tro, mae ardal **yr Wyddgrug** wedi bod yn eitha Cymraeg tan yn ddiweddar. Roedd Daniel Owen, nofelydd mwya Cymru yn y ganrif ddiwetha, yn byw yma, ac yn gweithio yma fel teiliwr.

Mae hi'n werth dod i'r Wyddgrug i weld ei gerflun ac i weld arddangosfa Daniel Owen. Yn ei nofelau, mae Daniel Owen wrth ei fodd yn beirniadu rhagrith pobl y capel a'r bonedd.

Mae llawer o weithgareddau i ddysgwyr yn cael eu cynnal yn ardal yr Wyddgrug. Mae Tafarn y Pentan (*Straeon y Pentan* oedd enw un o lyfrau Daniel Owen) yn yr Wyddgrug, yn ganolfan i lawer ohonyn nhw. Yn y dafarn hon, medden nhw, roedd Daniel Owen yn yfed slawer dydd. Yma'n awr, bob nos Lun, mae

Dysgwyr y Pentan, yr Wyddgrug, gyda dau o'u hathrawon, David Jones (ar y chwith) ac Iwan Jones (ar y dde)

dosbarthiadau'n cael eu cynnal i wahanol lefelau o ddysgwyr. Mae dysgwyr sy'n dod yno'n cyfrannu i Gymdeithas Garmon, ac mae'r arian yn cael ei ddefnyddio i dalu am gostau cynnal gweithgareddau. Os bydd llawer o arian wedi ei gasglu, caiff ei ddefnyddio i bwrpas arbennig, fel gwobr mewn eisteddfod.

Ar ôl y sesiwn dysgu bydd y dysgwyr yn cymdeithasu â dysgwyr eraill sydd yn y dafarn, ac â Chymry Cymraeg sy'n yfed yno. Mae hyn yn digwydd trwy'r flwyddyn, yn ddi-dor, felly mae digon o gyfle i ddysgwyr ymarfer eu Cymraeg. Bydd llawer o'r dysgwyr yma yn cyfrannu at raglenni Cymdeithasau Cymraeg yr ardal ar gyfer dysgwyr. Mae aelodau o Gymdeithas Garmon yn cymryd rhan bob blwyddyn, er enghraifft, yn y Gwasanaeth Nadolig yn y dref.
Mae cangen o CYD yn weithgar yn yr ardal hefyd ac maen nhw'n llunio rhaglen dros y flwyddyn. Cafodd y gangen ei sefydlu ar ôl i David Jones, gŵr o'r ardal, gyrraedd rownd derfynol Dysgwr y Flwyddyn yn Eisteddfod yr Wyddgrug, 1991. Fe addawodd e roi help i wneud yn siŵr bod mwy o gyfle i ddysgwyr yr ardal ddefnyddio'r Gymraeg. Fe lwyddodd David Jones i wneud hynny, a daeth yn diwtor hefyd. Mae cyfarfodydd CYD yn cael eu cynnal mewn gwahanol leoedd yn yr ardal. Mae dysgwyr yn dod o ddalgylch eitha eang i'r gangen. Mae'r gangen yn cynnal gweithgareddau cyson, ac maen nhw'n cefnogi gweithgareddau Cymraeg eraill yn yr ardal. Maen nhw'n trefnu pethau fel helfa drysor, cwis, gêm *boules*, ac yn trefnu teithiau i bethau fel Sesiwn Fawr Dolgellau (gŵyl canu Celtaidd), a theithiau i fannau fel Pistyll Rhaeadr.

Mae tafarn Castell Rhuthun yn yr Wyddgrug hefyd yn cael ei defnyddio fel man cyfarfod i ddysgwyr o bryd i'w gilydd.

I ddod i gysylltiad â CYD yn lleol, ffoniwch 01244 533828 (David Owen Jones) neu 01244 300557 (Frank Worthington).

Cymdeithas arall sy wedi rhoi cyfle i ddysgwyr yw Dawnswyr Delyn. Mae nifer o ddysgwyr yn aelodau o'r dawnswyr a bydd y dawnswyr yn barod i roi noson o adloniant i gymdeithasau Cymraeg yn yr ardal. Maen nhw'n cynnal twmpathau gwerin, ac yn help mawr gyda dathlu pethau fel yr Hen Galan.

GEIRFA

cyfrannu	*to contribute*
yn ddi-dor	*continuously*
llunio	*to make, to form, to draw up*
rownd derfynol	*final round, the final*
dalgylch	*catchment area*
eang	*wide*
cefnogi	*to support*
o bryd i'w gilydd	*from time to time*
adloniant	*entertainment*
twmpath(au) dawns	*folk dance(s)*
yr Hen Galan	*the old New Year*

GEIRFA

athrofa addysg	*institute of education*
achosion	*causes*
cefnogwr(wyr)	*supporter(s)*
cyfrannwr (cyfranwyr)	*contributor(s)*
hysbyseb(ion)	*advertisement(s)*
nes bydd	*until*

Mae Merched y Wawr, yr Wyddgrug, yn trefnu noson arbennig i ddysgwyr bob blwyddyn.

Athrofa Addysg Uwch Gogledd Cymru yw'r prif gorff sy'n ceisio rhoi cyfle i ddysgwyr yn **Wrecsam** ddefnyddio'r iaith. Mae rowndiau o gwis cenedlaethol CYD yn cael eu trefnu'n flynyddol, ac mae nosweithiau cymdeithasol yn cael eu trefnu i godi arian at achosion Cymraeg. Mae llawer o'r gweithgareddau yn cael eu trefnu ar safle'r coleg yng Nghartrefle, ac mae rhai o'r gweithgareddau'n cael eu cynnal ym Mhlas Coch. Mae Merched y Wawr yn cwrdd yn Wrecsam hefyd.

Cofiwch hefyd am y siopau Cymraeg sy yn yr ardal. Os ydych chi eisiau gwybod beth sy'n digwydd, ewch i Siop y Siswrn yn Wrecsam ac yn yr Wyddgrug. Cafodd y ddwy siop eu sefydlu gan gefnogwyr i'r iaith yn yr ardal.

Mae nifer o ysgolion cynradd Cymraeg yn y cylch – mae dwy ysgol fawr yn ardal Wrecsam, ac mae ysgol gyfun Gymraeg yn yr Wyddgrug – Ysgol Maes Garmon – ac yn Wrecsam – Ysgol Morgan Llwyd. Mae gweithgareddau Cymraeg yn cael eu trefnu gan yr ysgolion hyn. Cefnogwch nhw!

Mae hi hefyd yn werth ichi brynu'r papurau bro sy yn yr ardal – a chynnig helpu. Mae'r papurau bro bob amser yn falch o gael cyfranwyr newydd. Mae'r papurau'n cynnwys hanes digwyddiadau lleol, a hysbysebion am bethau sy'n mynd i ddigwydd. Yn Wrecsam, *Y Clawdd* yw'r papur – ffôn: 01978 359846 – Alun Emmanuel. *Papur Fama* yw'r papur yn yr Wyddgrug – ffôn: 01352 3281 – Niclas Parry.

Ac wrth gwrs, Lager Wrecsam yw'r cwrw gorau yn y byd nes bydd y gwaith yn cau.

Plant ysgol Gymraeg yn dathlu Dydd Gŵyl Ddewi. Ewch i gyngherddau ysgolion Cymraeg

CYMDEITHASAU CYMRAEG

Os ydych chi eisiau ymarfer siarad Cymraeg, mae'n werth i chi fynd i gyfarfodydd cymdeithasau Cymraeg yn eich ardal. Does dim byd yn well na chymryd rhan, a byddwch chi'n dod i nabod Cymry Cymraeg.
Mewn llawer o ardaloedd yng Nghymru, gwaetha'r modd, dyw hi ddim yn bosibl siarad Cymraeg â'r bobl drws nesaf. Mae rhaid i chi ddod o hyd i siaradwyr Cymraeg trwy rwydweithiau cymdeithasol.
Dyma rai mudiadau sy'n gallu eich helpu chi i siarad Cymraeg:

MERCHED Y WAWR
I fenywod. Mae canghennau o Ferched y Wawr ym mhob tref a phentref yng Nghymru. Mae menywod yn cwrdd bob mis, fel arfer. Maen nhw'n trefnu darlithoedd, sgyrsiau, chwaraeon, tripiau ac maen nhw'n rhoi croeso i ddysgwyr. Mae popeth yn Gymraeg, wrth gwrs.

Clwb Gwawr
Mae aelodau ifanc Merched y Wawr yn trefnu 'Clybiau Gwawr' sy'n cwrdd mewn taranau. Trefnwch Glwb Gwawr yn eich ardal chi.
Cyfeiriad: 34 Stryd Portland, Aberystwyth. SY23 2DK. Ffôn: 01970 611661.

CYD
Cymry Cymraeg a Dysgwyr ar y Cyd
Mae tudalennau arbennig i CYD yn y llyfr hwn.
Cyfeiriad: yr Hen Goleg, Stryd y Brenin, Aberystwyth. SY23 2AX. Ffôn: 01970 622143

CYLCHOEDD CINIO CYMRAEG
I ddynion. Mae cylch cinio Cymraeg mewn sawl ardal. Maen nhw'n cwrdd unwaith y mis, fel arfer. Maen nhw'n gwahodd siaradwyr, ac mae digon o gyfle i siarad cyn cinio, wrth fwyta, ac ar ôl cinio. Holwch yn y siop llyfrau Cymraeg leol i wybod pwy sy'n trefnu'r cylch cinio yn eich ardal chi.

CYMDEITHAS YR IAITH GYMRAEG
Mae Cymdeithas yr Iaith Gymraeg yn weithgar mewn sawl ardal yng Nghymru. Maen nhw'n trefnu digwyddiadau cymdeithasol, ac yn ymgyrchu o blaid yr iaith.
Cyfeiriad: Pen Roc, Rhodfa'r Môr, Aberystwyth. SY23 2AZ.
Ffôn: 01970 624501,
E-Bost: swyddfa@cymdeithas.com

GEIRFA

ymarfer	*to practise*
cymryd rhan	*to take part*
gwaetha'r modd	yn anffodus *worse luck, unfortunately*
rhwydweithiau cymdeithasol	*social networks*
mudiadau	*movements*
cangen (canghennau)	*branch(es)*
darlith(oedd)	*lecture(s)*
cylch(oedd)	*circle(s), society(ies)*
gwahodd	*to invite*
ymgyrchu	*to campaign*
o blaid	*on behalf of*

Protest gan Gymdeithas yr Iaith y tu allan i'r Llys yng Nghaerfyrddin. Fe gewch chi ddigon o gyfle i siarad Cymraeg yng nghyfarfodydd a phrotestiadau'r Gymdeithas

GEIRFA	
digwyddiadau	*events*
ymladd	*to fight*
etholiadau	*elections*
nod	*aim*
senedd	*parliament*
sawl	*several*
gweithgareddau	*activities*
cylchoedd chwarae	*playgroups*
ledled	*in all parts*
newydd-ddyfodiaid	*newcomers*

PLAID CYMRU

Mae Plaid Cymru'n trefnu llawer o ddigwyddiadau Cymraeg ym mhob rhan o Gymru. Maen nhw hefyd, wrth gwrs, yn ymladd etholiadau, gyda'r nod o gael senedd i Gymru.
Cyfeiriad: 18 Park Grove, Caerdydd, CF1 3BN. Ffôn: 01222 646000, E-Bost: post@plaidcymru.org

CYMDEITHAS EDWARD LLWYD

Mae Cymdeithas Edward Llwyd yn trefnu teithiau cerdded mewn sawl rhan o Gymru. Unwaith eto, holwch yn eich siop llyfrau Cymraeg leol i wybod pwy sy'n trefnu gweithgareddau yn eich ardal chi.
Cyfeiriad: Elinor Gwynn, Maes Meheli, Sawmills, Ceri, y Drenewydd, Powys. Ffôn: 01686 670219

MUDIAD YSGOLION MEITHRIN

Mae Mudiad Ysgolion Meithrin yn trefnu cylchoedd chwarae i blant bach ledled Cymru. Mae croeso i bobl helpu yn y cylchoedd – ac mae hyn yn ffordd dda o ymarfer eich Cymraeg.
Cyfeiriad: 145 Albany Rd., Y Rhath, Caerdydd, CF2 3JX. Ffôn: 01222 485510.

PONT

Mudiad yw Pont sy'n rhoi croeso i newydd-ddyfodiaid i Gymru. Mae Pont yn gweithio yn bennaf mewn ardaloedd gwledig.
Cyfeiriad: Irena Paxton, Penybont, Glanduar, Llanybydder, Sir Gaerfyrddin. SA40 9RN. Ffôn: 01570 480413.

Mae mwy a mwy o siopau a busnesau'n defnyddio Cymraeg. Defnyddiwch y Gymraeg cyn y Saesneg bob tro – neu dechreuwch trwy ddweud 'Shwmae' i weld a yw'r siopwr yn gallu siarad Cymraeg

MENTRAU IAITH

Mae nifer o Fentrau Iaith wedi cael eu sefydlu mewn sawl rhan o Gymru. Nod y Mentrau Iaith yw cynyddu'r defnydd o Gymraeg mewn gwahanol ardaloedd. Maen nhw'n gwneud hyn trwy berswadio busnesau lleol i ddefnyddio mwy o'r Gymraeg a thrwy drefnu llawer iawn o ddigwyddiadau.

Menter Iaith Myrddin
Ardal: Sir Gaerfyrddin
Mae Menter Iaith Myrddin yn rheoli Mentrau Iaith y Sir, e.e. Cwm Gwendraeth, Llanelli.
Prif swyddog: Cefin Campbell, Neuadd y Sir, Caerfyrddin.

Menter Cwm Gwendraeth
Ardal: Rhwng Caerfyrddin a Phontarddulais.
Cyfeiriad: Ysgol Gynradd, Heol Caerfyrddin, Cross Hands, Llanelli. SA14 6SU. Ffôn: 01269 831818.

Menter Aman Tawe
Ardal: Cwm Tawe a Chwm Aman.
Cyfeiriad: 43 Heol Cae Gurwen, Gwaun Cae Gurwen, Rhydaman, SA18 1HG.
Ffôn: 01269 823349

Menter Iaith
Ardal: Taf Elái a'r Rhondda.
Cyfeiriad: Y Tŷ Model, Llantrisant, Rhondda Cynon Taf. CF7 8EB. Ffôn: 01443 226386.

Menter Bro Ogwr
Ardal: Cwm Ogwr a Chwm Llynfi
Cyfeiriad: 'Ashleigh', Angelton Common, Pen-y-bont ar Ogwr, CF31 4LL
Ffôn: 01656 650071

Menter Iaith Conwy
Ardal: Dyffryn Conwy a'r cylch
Cyfeiriad: J.R.Williams & Co., 43 Market Street, Abergele, LL22 7AF.
Ffôn: 01745 832131

Menter Llanelli
Ardal: Llanelli a'r cylch
Cyfeiriad: d/o 146 Pennant, Felinfoel, Llanelli.
Ffôn: 01792 312527

Menter Caerdydd
Ardal: Caerdydd a'r Cylch
Cyfeiriad: d/o 38 Inverness Place, Y Rhath, Caerdydd.
Cyswllt: Richard Lewis

Menter Maldwyn
Ardal: Sir Drefaldwyn
Cyfeiriad: Yr Adran Gymuned a Hamdden, Yr Hen Goleg, Y Drenewydd, Powys, SY16 1BE.
Ffôn: 01686 626521

Fforwm Iaith Abergwaun
Ardal: Gogledd Sir Benfro
Cyfeiriad: Thelma Williams, 6 Westgate, Scleddau, Abergwaun, Sir Benfro. SA65 9QX. Ffôn: 01348 879624. Neu Delwyn Davies.
Ffôn: 01348 872328

GEIRFA

menter (mentrau)	*enterprise(s)*
cynyddu	*to increase*
perswadio	*to persuade*

GEIRFA

llenyddol	*literary*
meibion	*male-voice*
cymysg	*mixed*
swyddog(ion)	*officer(s)*
gwasanaeth(au)	*service(s)*

CYMDEITHASAU CYMRAEG

Mae cymdeithasau Cymraeg, sy'n cwrdd unwaith y mis neu'n fwy aml, mewn sawl rhan o Gymru. Mae cymdeithasau hanes a chymdeithasau llenyddol yn boblogaidd. Holwch yn eich siop llyfrau Cymraeg leol i gael manylion.

CORAU

Mae cannoedd o gorau yng Nghymru, ac mae llawer iawn ohonyn nhw'n canu yn Gymraeg. Mae llawer o'r corau yn gorau meibion traddodiadol, fel Treforys, Treorci, Dynfant, Abertawe, Llanelli, Rhosllannerchrugog, Llanuwchllyn, ac mae llawer o'r aelodau'n siarad Cymraeg. Mae llawer o gorau cymysg, fel Côr Tŷ Tawe, corau yr Urdd, ac mae llawer o gorau i ferched. Holwch yn eich siop llyfrau Cymraeg leol i wybod pa gorau sydd yn eich ardal chi. Mae rhai corau wedi eu rhestru yn y bennod nesaf, 'Corau'.

Côr yr Eisteddfod

Gweler y bennod nesaf, 'Corau'.

URDD GOBAITH CYMRU (YR URDD)

Mae'r Urdd yn trefnu gweithgareddau i blant ac i bobl ifanc, ac maen nhw bob amser yn falch o gael help. Mae swyddogion gyda nhw ym mhob rhan o Gymru.
Cyfeiriad:
Jim O'Rourke, Swyddfa'r Urdd, Ffordd Llanbadarn, Aberystwyth, Ceredigion. SY23 1EN. Ffôn: 01970 623744.

CAPELI

Mae capeli ac eglwysi Cymraeg ym mhob rhan o'r wlad. Maen nhw'n cynnal gwasanaethau Cymraeg bob dydd Sul, ac mae rhai ohonyn nhw'n cynnal gweithgareddau eraill yn ystod yr wythnos. Holwch yn eich siop llyfrau Cymraeg leol i gael gwybod pa gapeli sy'n llawn bywyd.

Undeb yr Annibynwyr Cymraeg
Cyfeiriad: Tŷ John Penry, 11 Heol Sant Helen, Abertawe. Ffôn: 01792 467040.

Undeb Bedyddwyr Cymru
Tŷ Ilston, 94 Heol Mansel, Abertawe. Ffôn: 01792 655468.

Yr Eglwys Bresbyteraidd yng Nghymru
53 Richmond Rd., Y Rhath, Caerdydd. Ffôn: 01222 494913.

Yr Eglwys yng Nghymru
39 Ffordd y Gadeirlan, Caerdydd.
Ffôn: 01222 251638.

CLYBIAU CYMRAEG

Mae tudalennau ar y clybiau yn y llyfr hwn.

Cyfeiriadau:

Tŷ Tawe: 9 Heol Christina, Abertawe. Ffôn: 01792 460657, 642294.

Clwb y Bont: Ffordd Taf, Pontypridd. Ffôn: 01443 491424.

Clwb Ifor Bach: 11 Heol Womanby, Caerdydd. Ffôn: 01222 232199.

Clwb Bryn Menyn: 184 Ffordd y Bryn, Bryn Menyn, Pen-y-bont ar Ogwr. Ffôn: 01656 725323.

Clwb Merthyr. Y Ganolfan Gymraeg, Merthyr Tudful.

DOSBARTHIADAU CYMRAEG

Ar ôl i chi ddysgu tipyn o Gymraeg mewn gwersi i ddysgwyr, dylech allu mynd i ddosbarthiadau Cymraeg, ar hanes, llenyddiaeth, natur, cerddoriaeth, a llawer o bethau eraill. Mae'r rhain yn cael eu trefnu gan Adrannau Addysg Oedolion Prifysgol Cymru, a chan Gymdeithas Addysg y Gweithwyr. Gofynnwch am raglen y flwyddyn yn eich ardal chi.

Cymdeithas Addysg y Gweithwyr (WEA)

Cyfeiriad: Gogledd Cymru: Rufus Adams, 33 Ffordd y Coleg, Bangor LL57 2AP. Ffôn: 01248 353254.

De Cymru: Graham Price, Tawney House, 11 Station Ter.,
Heol y Bont-faen, Caerdydd. CF5 4AA. Ffôn: 01222 552277.

Adrannau Addysg Oedolion, Prifysgol Cymru

Abertawe: Parc Singleton, Abertawe. SA2 8PP. Ffôn: 01792 295766.
Bangor: 01248 351151
Caerdydd: 01222 874000 (Gofynnwch am yr Adran Gymraeg).
Aberystwyth: 01970 623111 / 622677

GEIRFA

Cadeirlan	*Cathedral*
adran(nau) addysg oedolion	*adult education department(s)*

CORAU

GEIRFA

diwylliannol	*cultural*
niferus	*numerous*
sefydlu	*to establish*
cyfarwydd â	*familiar with*
cyfoeth	*wealth*
cerddorol	*musical*
tramor	*foreign*
cymanfa ganu (cymanfaoedd canu)	*singing festival(s)*
Pasg	*Easter*
Sulgwyn	*Whitsun*

Mae corau'n rhan amlwg o fywyd diwylliannol Cymru. Mae corau mawr a chorau bach yn rhoi cyfle da i chi gymdeithasu. Mae corau meibion, corau merched a chorau cymysg yn boblogaidd mewn gwahanol rannau o Gymru. Corau meibion yw'r mwya niferus. Mae rhai corau wedi eu sefydlu yn arbennig i bobl ifanc hefyd.

Côr Merched Treforys gyda'r arweinyddd Anthony Williams. Mae corau'n rhoi cyfle da i gymdeithasu

Mae corau'n rhoi cyfle da i chi ddysgu canu yn y Gymraeg, a dod yn gyfarwydd â'n cyfoeth cerddorol. Ond maen nhw hefyd yn rhoi cyfle gwych i chi ddod i nabod siaradwyr Cymraeg. Mae'r rhan fwyaf o'r corau yn cynnal cyngherddau, yn mynd am dripiau yng Nghymru, yn cystadlu mewn eisteddfodau ac weithiau'n mynd ar daith i wledydd tramor.

Cofiwch hefyd am y cymanfaoedd canu sy'n cael eu cynnal ledled y wlad, yn arbennig adeg y Pasg a'r Sulgwyn. Cafodd y gymanfa gyntaf ei chynnal yn Aberdâr, Morgannwg, yn yr 1860au.

Côr yr Eisteddfod

Cofiwch fod gan yr Eisteddfod Genedlaethol ei chôr ei hun bob blwyddyn. Mae'r côr hwn, sydd fel arfer â thua 300 o leisiau, yn ymarfer am flwyddyn a mwy. Mae'r côr, wrth gwrs, yn newid bob blwyddyn. Os yw'r eisteddfod yn eich ardal chi, dyma gyfle ardderchog i gael cwmni siaradwyr Cymraeg eraill.

Ar y tudalennau nesaf mae rhai o gorau amlwg Cymru.

Corau Meibion	**Cyfeiriad yr Ysgrifennydd/Arweinydd**
Godre'r Aran	13 Fron Wnion, Dolgellau.
Aberafan	26 Jersey St., Felindre, Port Talbot.
Abertawe	104 Penfilia Rd, Brynhyfryd, Abertawe.
Aberystwyth	Awelon, Llanfarian, Aberystwyth.
Ardudwy	16 Tŷ Canol, Harlech.
Caerfyrddin	Fferm Tyllwyd, Felingwm-Uchaf, Caerfyrddin.
Glyndŵr	Hendre Isa, Bryn S.M. Corwen.
Brymbo	Carrog, Cerney Rd., Moss, Wrecsam.
Clwb Rygbi Treforys	433 Heol Clydach, Ynysforgan, Abertawe.
Cwm-bach	33 Cenarth Dr., Cwm-bach, Aberdâr.
Dyffryn Aman	84 Heol Tircoed, Glanaman, Rhydaman.
Froncysyllte	6 Bryn Afon, Hawarden Rd., Abermorddu, Wrecsam.
Llanelli	1 Clos Cribyn, Swiss Valley, Llanelli.
Mynydd Mawr	58 Black Lion Road, Gors-las, Llanelli.
Orffiws y Rhos	21 Ffordd Rhuthun, Wrecsam.
Orffiws Treforys	55 Heol Gellifawr, Treforys, Abertawe.
Pendyrys	9 Brown Street, Ferndale, Y Rhondda.
Pontarddulais	12 Stryd Morgan, Trebanws, Abertawe.
Y Faerdref	106 Vardre Rd., Clydach, Abertawe.

Corau Merched	
Alawon Menai	7 Lôn Ddewi, Caernarfon.
Lleisiau'r Gest	9 Glanmorfa, Tremadog, Porthmadog.
Merched Canna	13 Pencisely Cres., Llandaf, Caerdydd.
Edeyrnion	Tir-y-dail, Cae Groes, Y Bala.
Llandybïe	7 Parc y Llan, Llandybïe.
Seiriol	Tyddyn Andrew Uchaf, Bethel, Caernarfon.

Corau Cymysg

Aelwyd Llangwm	Bron-y-graig, Llangwm, Corwen.
Bro Cefni	3 Bragdy, Aberffraw, Môn.
Creigiau	Perthi Bach, Berth Lwyd, Pentyrch.
Glan Alun	Gwylfa, Licswm, Treffynnon.
Menai	25 Belmont Ave., Bangor.
Pontarddulais	70 Heol y Pentre, Pontarddulais.
Teifi	Pencaer, Bryn Iwan, Cynwyl Elfed, Caerfyrddin.
Y Rhyd	22 Haulfryn, Bryn, Llanelli.
Aberteifi	Tŷ'r Nant, 6 Heol Helyg, Aberteifi.
Bro Cernyw	Tŷ Celyn, Pandy Tudur, Abergele.
Bro Dysynni	2 Tainewyddion, Pennal, Machynlleth.
Brynaman	6 Llandeilo Road, Brynaman.
Caerdydd	6 Alfreda Road, yr Eglwys Newydd, Caerdydd.
Crymych	Penfro, Clos-y-Gaffel, Crymych.
Eifionydd	Coedmor, Chwilog, Pwllheli.
Glandulais	10 Glynhir Road, Pontarddulais.
Godre'r Eifl	Fferm Cae Du, Aber-soch, Pwllheli.
Godre'r Garth	4 Pant-bach, Pentyrch, Caerdydd.
Ieuenctid Dyffryn Aman	10 Stryd Fawr, Glanaman, Rhydaman.
Rhuthun	Llys Cerdd, Ffordd Wrecsam, Rhuthun.
Tŷ Tawe	Min y Ffordd, Capel Dewi, Caerfyrddin.
Waunarlwydd	Golwg y Waun, Mynydd bach y glo, Waunarlwydd, Abertawe.

SIOPAU A PHAPURAU

SIOPAU CYMRAEG

Os ydych chi eisiau gwybod beth sy'n digwydd yn eich ardal chi, ewch i'r siop llyfrau Cymraeg leol. Maen nhw fel arfer yn dangos posteri am ddigwyddiadau Cymraeg, ond bydd y siopwr hefyd yn gwybod llawer am yr ardal. Mae'r siop yn lle da i ddechrau holi am fywyd Cymraeg eich ardal.

Aberaeron
Gorwelion, 6 Ffordd y Gogledd
Abergwaun
Siop D.J.
Abertawe
Siop y Werin, 9 Christina St.
Aberteifi
Siop y Castell, Stryd Fawr
Aberystwyth
Siop y Pethe, Ffordd y Môr
Bangor
Siop Pendref, 13 Canolfan Cae Ffynnon
Caergybi
Llên Cybi, 30a Stanley St.
Caernarfon
Siop y Pentan, 14 Stryd y Porth Mawr
Crymych, Sir Benfro
Siop Siân
Dinbych
Siop Clwyd, 33 Stryd Fawr
Llandeilo
Llecyn Llyfre, 123 Heol Rhosmaen
Llanelli
Siop y Werin, 17 Stryd y Farchnad
Llangefni
Cwpwrdd Cornel, 3 Tŷ'r Felin, Llawr y Dref
Llanrwst
Bys a Bawd, 29 Stryd Ddinbych
Merthyr Tudful
Siop Gymraeg Merthyr, Neuadd Soar, Pontmorlais
Pen-y-bont ar Ogwr
Siop yr Hen Bont, Stryd yr Hen Bont
Penrhyndeudraeth
Siop Dewi, Stryd Fawr
Porthaethwy
Awen Menai, Stryd y Bont
Porthmadog
Siop Eifionydd, 146 y Stryd Fawr
Pwllheli
Llên Llŷn, Y Maes
Rhuthun
Elfair, 16 Stryd Crwys
Rhydaman
Cerdd Aman, Byd y Siopwr, Stryd y Gwynt
Siop y Cennen, Uned 4, Byd y Siopwr, Stryd y Gwynt
Trefdraeth
Y Siop Lyfrau
Wrecsam
Siop y Siswrn, 19a Marchnad y Bobl, Ffordd Gaer
Y Bala
Awen Meirion, 35 Stryd Fawr
Y Rhyl
Siop y Morfa, 109 Stryd Fawr
Y Trallwng, Powys
Pethe Powys
Yr Wyddgrug
Siop y Siswrn, 6-8 Stryd Newydd

GEIRFA

papur bro	*local Welsh monthly newspaper*
ymddangos	*to appear*
y rhan fwyaf ohonyn nhw	*most of them*
colofn	*column*
holi	*to enquire, to interview*

PAPURAU BRO

Mae tua hanner cant o bapurau bro yng Nghymru. Mae'r papurau bach yma'n ymddangos unwaith y mis, fel arfer. Mae tîm o bobl yn gweithio gyda phob papur, ac mae'r rhan fwyaf ohonyn nhw yn gwneud y gwaith am ddim. Fel arfer maen nhw'n cwrdd unwaith neu ddwywaith y mis. Os ydych chi'n gallu helpu – ysgrifennu colofn i ddysgwyr, holi pobl ddiddorol yn yr ardal, casglu newyddion, teipio, neu wneud rhywbeth arall, bydd croeso i chi.

Abergwaun
Y *Llien Gwyn*, Morys Rhys, Y Sgubor, Dinas, Sir Benfro 01348 6497
Abertawe
Wilia, Heini Gruffudd, 41 Heol Hazel, Glanmôr, Abertawe 01792 205807
Aberystwyth
Yr *Angor*, Mari Elis, 4 Maes Lowri, Aberystwyth
Ardudwy
Llais Ardudwy, Ken Roberts, Bellaport, Dyffryn, Tal-y-bont, Gwynedd 01341 247338
Bangor a'r Felinheli
Goriad, Delyth Murphy, Bryn Hywel, Penrhosgarnedd, Bangor 01248 362621
Blaenau Ffestiniog
Llafar Bro, Pôl Williams, 2 Fron Goch, Maentwrog, Gwynedd
Blaenau'r Rhondda
Y *Gloran*, Cennard Davies, Brynmyrtwydd, Treorci
Bodafon
Yr *Arwydd*, Dewi Jones, Stangau, Maes Lydan, Benllech, Ynys Môn 01248 852466
Bro Ddyfi
Y *Blewyn Glas*, Eirian Jones, 85 Tregarth, Machynlleth 01654 702881
Caerdydd
Y *Dinesydd*, Surexit, 3 Parc yr Afon, Heol y Bont, Ystum Taf, Caerdydd 01222 578772
Caerfyrddin
Cwlwm, 73 Heol Bronwydd, Caerfyrddin 01267 234280
Castell-nedd
Clecs y Cwm a'r Dref, Gwyn Rowlands, 26 Poplars Ave., Cimla, Castell-nedd 01639 644998
Cefni a'r Cylch
Y *Glorian*, Ifan Wyn WIlliams, Y Garregwen, Rhosmeirch, Llangefni 01248 722312
Conwy a Chlwyd
Y *Gadlas*, Ilyd Davies, Tŷ'n Ddôl, Llangernyw, Abergele 01745 860280

Cwm Cynon
Clochdar, Eric Jones, 14 Clifton St., Aberdâr 01684 873440
Cwm Gwendraeth
Papur Y Cwm, Sian Thomas, Bryn Teg, Heol Maes y Bont, Castell y Rhingyll, Gors-las 01269 842151
Cwm Tawe
Llais, John Evans, 23 Kingrosia Park, Clydach 01792 842853
Cwm Ystwyth a Wyre
Y Ddolen, Edwina Jones, Penbryn Mawr, Trefenter, Aberystwyth 01974 272594
De Ceredigion
Y Gambo, Emyr Llywelyn, Tŷ'r Ardd, Ffostrasol, Llandysul 01239 755555
Dinbych
Y Bigwn, Silyn Jones, Y Glyn, Ffordd yr Eglwys Wen, Dinbych - 01745 813343
Dyffryn Aeron
Llais Aeron, Stanley Lewis, Pendre, Llan-non 01974 202786
Dyffryn Ceiriog, Tanad a Chain
Yr Ysgub, Mona Hughes, Cymerau, Delwyn Lane, Llanfyllin 01691 84241
Dyffryn Conwy a'r Glannau
Y Pentan, Ifora Owen, Glyn Ucha, Tŷ'n y Groes, Conwy 01492 453
Dyffryn Dysynni
Dail Dysynni, J.E.Jones, 12 Ffordd Dyfrig, Tywyn 01654 710615
Dyffryn Hafren
Seren Hafren, Nansi Lloyd Ellis, Plas Gwyn, Old Barnfields, y Drenewydd 01686 626202
Dyffryn Nantlle
Lleu, Anwen Harman, Bwlch y Ffordd, Lôn y Buarth, Carmel, Caernarfon 01286 881433
Dyffryn Ogwen
Llais Ogwan, Dilwyn Pritchard, Llais Afon, Gronarfon, Rachub, Bethesda
Dyffryn Teifi
Y Garthen, Aled Evans, 35 Parc-ynn, Llandysul 01559 363559
Dyffyn Aman
Glo Mân, Mair Thomas, 28a Heol Llandeilo, Brynaman 01269 823472
Eifionydd
Y Ffynnon, Ieuan Pugh Jones, 11 Gwaun Canol, Cricieth, 01766 522062
Genau'r Glyn, y Borth a'r cylch
Y Tincer, Ceris Gruffudd, Rhos Helyg, 23 Maesyrefail, Penrhyn-coch, Aberystwyth 01970 828017
Glan Menai
Papur Menai, R.C.Hughes, Neuadd Lwyd, Penmynydd, Ynys Môn 01248 714071
Glannau Clwyd a Gwaelod y Dyffryn
Y Glannau, Meurig Owen, 10 Deans Walk, Llanelwy 01745 582531
Gogledd-orllewin Môn
Y Rhwyd, Awenna Jones, Y Fron, Llanrhuddlad, Ynys Môn 01407 730314
Hendy-Gwyn a San Clêr
Y Cardi Bach, Rhoswen Llewellyn, Bro Bronw, Cwmfelinmynach, Hendy-gwyn ar Daf 01994 283
Lerpwl
Yr Angor, D.Ben Rees, 32 Garth Drive, Lerpwl 0151 724 1989
Llanbedr Pont Steffan
Clonc, Gareth Morgans, Tangar, Cwmann, Llanbedr Pont Steffan 01570 423629
Llandeilo
Y Lloffwr, Rhian Morgan, Caeberis, Llangadog
Llanfair Caereinion, y Trallwng a'r cylch
Plu'r Gweunydd, Buddug Owen, Bryndedwydd, Llanfair Caereinion, y Trallwng
Llanrug, Llanberis, Llanddeiniolen
Eco'r Wyddfa, Iwan Roberts, Lleifior, Ffordd yr Orsaf, Llanrug, Caernarfon 01286 675649

Nant Conwy
Yr Odyn, Gwasg Carreg Gwalch, 12 Iard yr Orsaf, Llanrwst, Conwy 01492 642031
Pen Llŷn
Llanw Llŷn, Catherine Edwards, Bodlondeb Bach, Sarn, Aber-soch, Pwllheli.
Pen-y-bont ar Ogwr
Yr Hogwr, Heulwen Thomas, 18 The Retreat, Ffordd Merthyr Mawr, Pen-y-bont ar Ogwr 01656 655473
Penllyn
Pethe Penllyn, Mary Thomas, 19 Tanyfoel, Llanfor, Y Bala
Penrhyndeudraeth, Porthmadog a Beddgelert
Yr Wylan, Geraint Lloyd Jones, Llwyn Hudol, Penrhyndeudraeth 01766 770745
Ponciau, Rhos a'r cylch
Nene, Gwynne Williams, Cil-y-ri, Pentrebychan, Wrecsam 01987 841386
Rhondda Fach
Mandral, Eilian Williams, 55 Stryd Cennard, Ton Pentre
Rhuthun
Y Bedol, Elwyn Wilson Jones, Manod, Rhewl, Rhuthun, 01824 23971

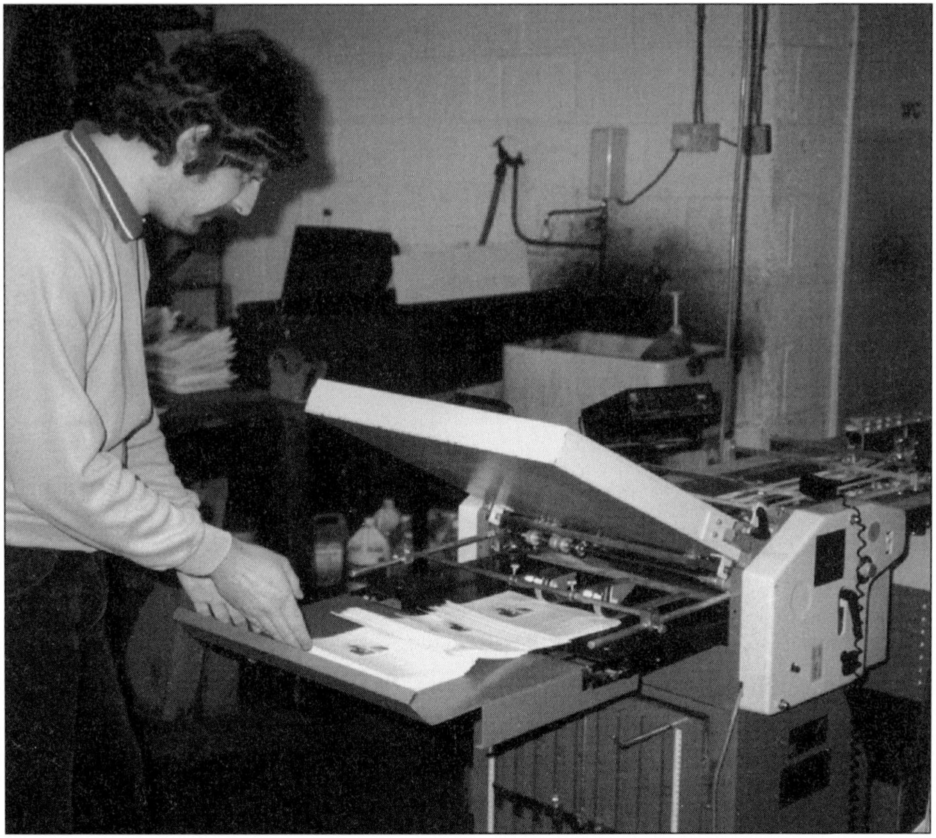

Papur bro'n dod o'r wasg. Prynwch bapur bro eich ardal i weld beth sy'n digwydd

Taf Elái
Tafod Elái, Penri Williams, Yr Hendre, 4 Pant-bach, Pentyrch, Caerdydd
Tal-y-bont
Papur Pawb, D. Philip Davies, Gwynionydd, 4 Maes y Felin, Tal-y-bont 01970 832384
Tregaron
Y Barcud, Celia Bailey Jones, Pont-y-Dail, Pont-rhyd-y-groes, Ceredigion 01974 282294
Wrecsam
Y Clawdd, Alun J. Emanuel, 6 Heol Llawhaden, Wrecsam, 01978 359846
Y Frenni
Clebran, Hefin Wyn, Draenen Wen, Llys-y-Frân, Clarbeston Road, Maenclochog 01437 532581
Yr Wyddgrug
Papur Fama, Niclas Parry, 47 Green Side, Yr Wyddgrug, 01352 3281

Hwylio 'Mlaen

Golygydd Cyffredinol: Glenys M. Roberts

Cyhoeddwyd eisoes yn y gyfres hon:

1. SGYRSIAU DROS BANED / Elwyn Hughes
0 86243 326 6
2. CYMRY DDOE / Catrin Stevens
0 86243 328 2
3. TEITHIAU CAR / Siôn Meredith
0 86243 327 4
4. SÊR HEDDIW / Elin Meek
0 86243 329 0
5. GWERTH Y BYD YN GRWN / Duncan Brown
0 86243 365 7
6. Y SÎN ROC / Kate Crockett
0 86243 370 3
7. CYMRY WRTH EU GWAITH / Elin Meek
0 86243 393 2
8. LLYFRAU CYMRAEG ENWOG / Glenys Mair Roberts
0 86243 394 0
9. FFILMIAU CYMREIG / Philip Wyn Jones
0 86243 443 2
10. CYFLE I SIARAD / Heini Gruffudd
0 86243 444 0

Dau deitl arall – yr olaf – i'w cyhoeddi cyn bo hir!
Mynnwch y gyfres yn llawn:
eich allwedd i fwynhau Cymru heddiw!